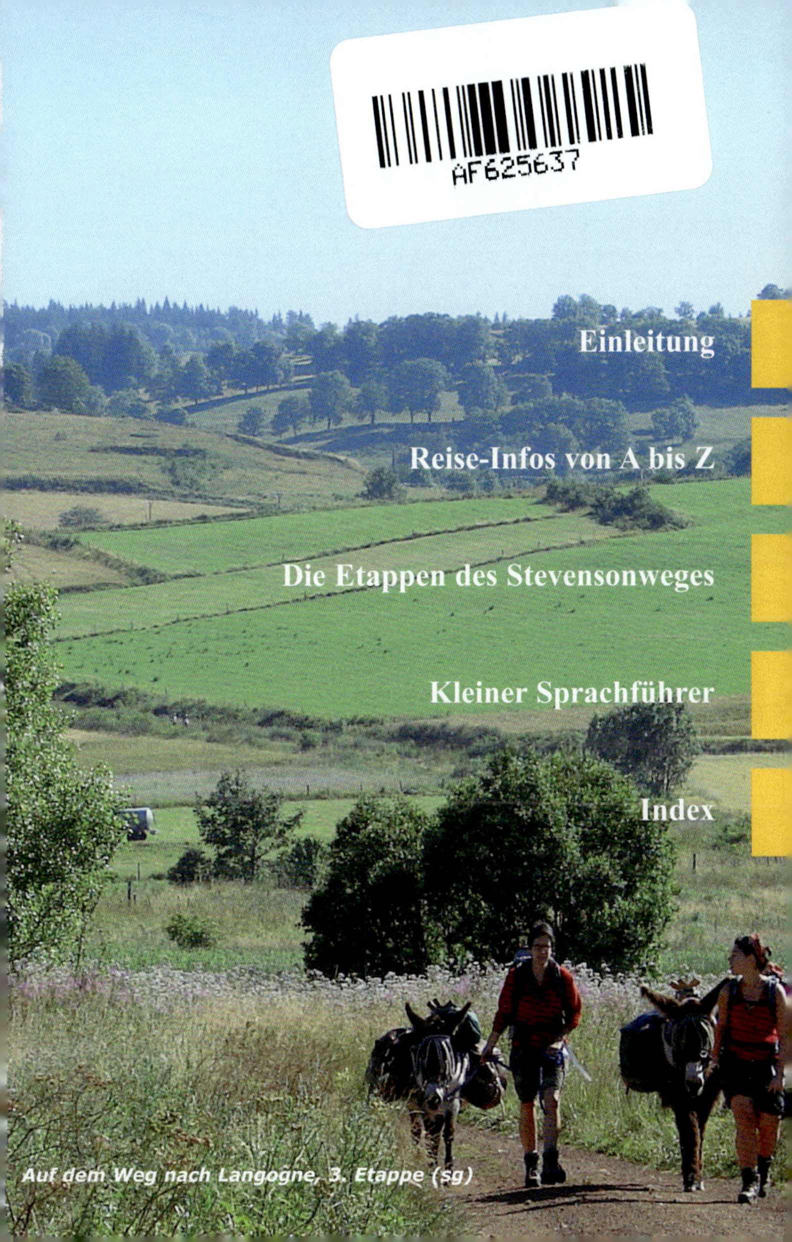

Auf dem Weg nach Langogne, 3. Etappe (sg)

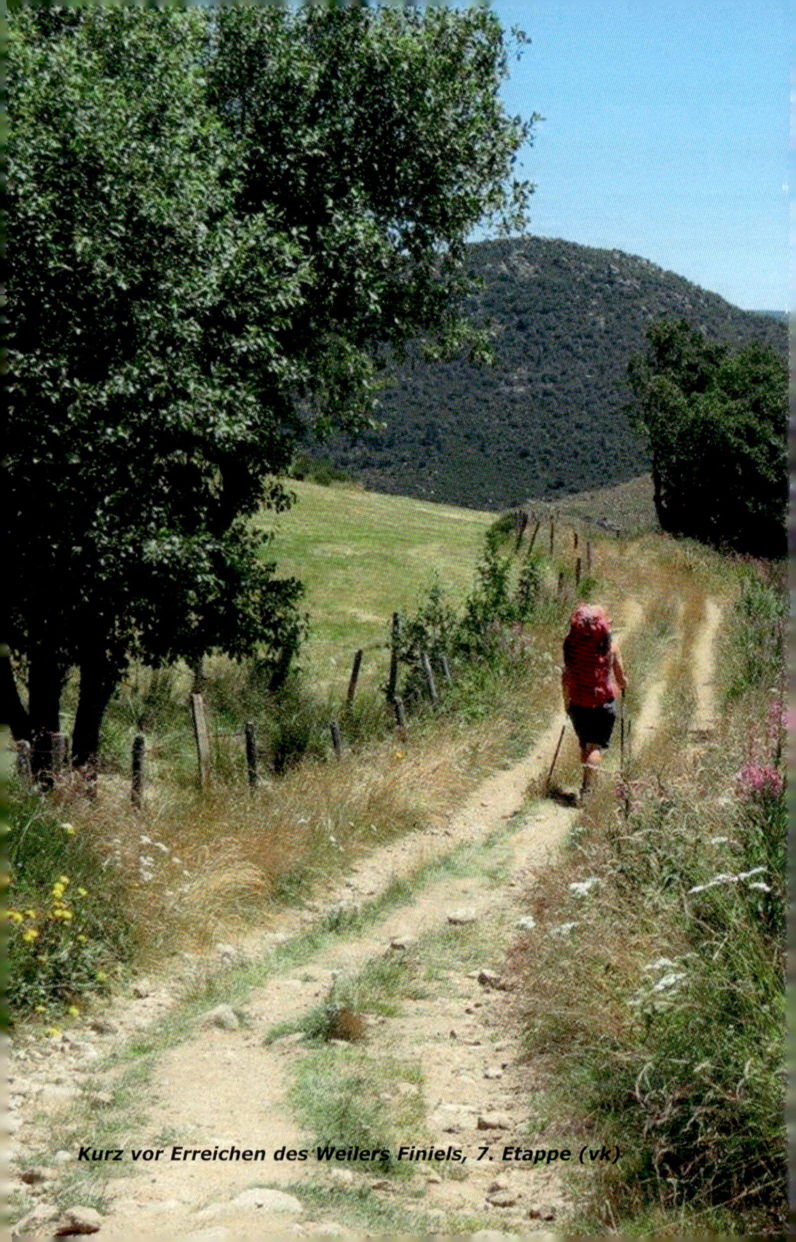

Kurz vor Erreichen des Weilers Finiels, 7. Etappe (vk)

Band 275

OutdoorHandbuch

Annika Witte und Véronique Kämper

Frankreich: Cevennen Stevensonweg GR 70

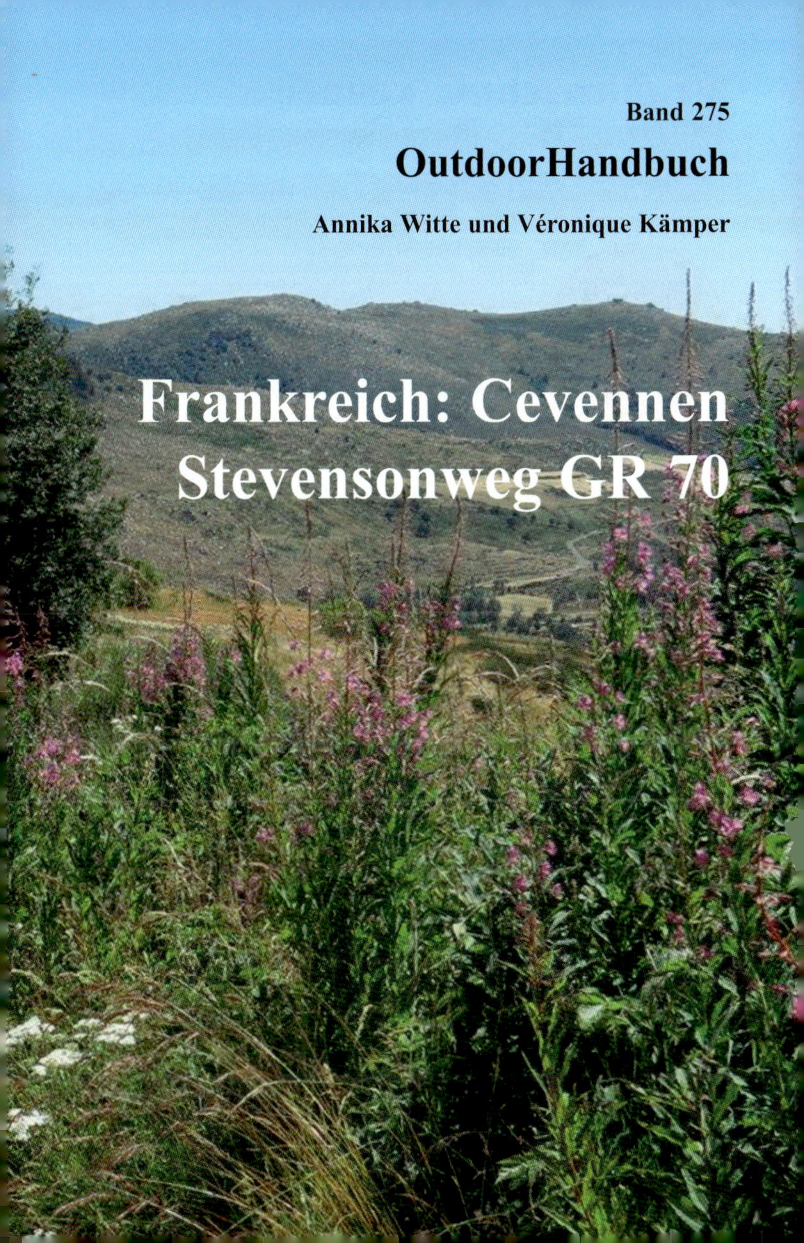

Frankreich: Cevennen

Dieses OutdoorHandbuch wurde konzipiert und redaktionell erstellt vom:

Conrad Stein Verlag GmbH
Kiefernstr. 6, 59514 Welver
☏ 023 84/96 39 12
info@conrad-stein-verlag.de
www.conrad-stein-verlag.de
www.facebook.com/outdoorverlag
www.instagram.com/outdoorverlag

Druckprodukt mit finanziellem **Klimabeitrag**
ClimatePartner.com/53106-2406-1010

Als Outdoor-Verlag sind uns der Schutz und die Erhaltung der Natur seit jeher ein besonderes Anliegen. Auch in Sachen Klimaschutz haben wir eine Vorreiterrolle inne: Wir sind der einzige Buchverlag in Deutschland, der bereits seit 2008 seine Bücher konsequent klimaneutral in Deutschland produzieren und transportieren lässt. Dabei wird nicht nur klimaneutral, sondern auch nachhaltig, d. h. so umweltschonend wie möglich produziert, z. B. durch die Auswahl von umweltfreundlichen Materialien. Die bei der Produktion der Bücher entstandenen CO_2-Emissionen werden durch die Unterstützung von zertifizierten Klimaschutzprojekten ausgeglichen. Jedes Buch wird daher mit dem Logo „klimaneutral“ und einer Climate-Partner-Zertifikatsnummer versehen. Mithilfe dieser Nummer können Sie unter www.climatepartner.com Informationen zu der eingesparten CO_2-Menge und dem Projekt finden, das mit der Abgabe gefördert wird.

Das Engagement des Conrad Stein Verlags wurde im Rahmen des Projekts „Klimaneutraler Buchverlag“ mit dem Westenergie Klimaschutzpreis 2022 ausgezeichnet.

OutdoorHandbuch Band 275

ISBN 978-3-86686-799-4 3., überarbeitete Auflage 2024

Text: Annika Witte und Véronique Kämper
Fotos: Annika Witte (ak), Véronique Kämper (vk), Susanna Glossat (sg), Pia Hölzel (ph) und Dorothee Lehna (dl)
Karten: Manuela Dastig
Lektorat & Layout: Anna-Lena Ebner

Gesamtherstellung: AZ Druck und Datentechnik GmbH, Kempten

Dieses OutdoorHandbuch hat 160 Seiten mit 41 farbigen Abbildungen sowie 16 farbigen Karten im Maßstab 1:100.000, 15 farbigen Höhenprofilen, 6 farbigen Stadtplänen und einer farbigen, ausklappbaren Übersichtskarte.

Alle Informationen, schriftlich und zeichnerisch, wurden nach bestem Wissen zusammengestellt und überprüft. Sie waren korrekt zum Zeitpunkt der Recherche. Eine Garantie für den Inhalt, z. B. die immerwährende Richtigkeit von Preisen, Adressen, Telefonnummern und Internetadressen, Zeit- und sonstigen Angaben, kann naturgemäß von Verlag und den Autorinnen – auch im Sinne der Produkthaftung – nicht übernommen werden.

Die Autorinnen und der Verlag freuen sich über Ihr Feedback. Schreiben Sie Ihre Tipps und Verbesserungen an info@conrad-stein-verlag.de oder nutzen Sie unsere Social-Media-Kanäle. Bitte nennen Sie dabei Titel, Auflage und Seitennummer.

Dieses Buch ist im Buchhandel und in Ausrüstungsläden erhältlich und kann im Internet oder direkt beim Verlag bestellt werden.

Titelfoto: Auf dem Mont Lozère (vk)

Inhalt

☺ Eine **Übersichtskarte** des Weges, **Autorinnenprofil** sowie eine Liste aller verwendeten **Symbole** in diesem Buch finden Sie auf den vorderen und hinteren Umschlagseiten bzw. -klappen.

Vorwort

„Gipfel über Gipfel, Hügelkette über Hügelkette verliefen brandend in Richtung Süden, ausgekehlt und modelliert von den Wintergüssen, im Federschmuck der Kastanien von Kopf bis Fuß und hier und da aufbrechend in eine Krone von Felszacken. Die Sonne, noch weit vom Untergang, legte einen goldenen Dunstschleier über die Hügelkuppen (…)." So beschrieb R. L. Stevenson in seinem Reisetagebuch „Reise mit dem Esel durch die Cévennen" den Ausblick auf die südlichen Cevennen. Auch heute hat sich nichts daran geändert: Die vielen, faszinierenden und nicht enden wollenden Hügelsilhouetten prägen einen Großteil der Landschaft entlang des Stevensonweges. Das warme Licht, das Spiel der Sonne und die zahllosen, verschiedenen Farbkompositionen der Jahreszeiten üben einen besonderen Reiz aus. Sie verwandeln und verzaubern diesen Weg, der sich so immer wieder aufs Neue entdecken lässt.

Wer sich auf die Spuren R. L. Stevensons begibt, wird zauberhafte und stille Entdeckungen aus vergangenen Zeiten machen und einen der stimmungsvollsten und schönsten Fernwanderwege Frankreichs kennenlernen und erleben.

Während Véronique Kämper den Stevensonweg im golden gefärbten Spätherbst und in den wunderschönen Sommermonaten für sich entdeckte, war ich im frühlingshaften und mit bunten Blüten gesprenkelten April in Frankreich unter-

Auf dem Plateau de Cham de l'Ermet, 8. Etappe (sg)

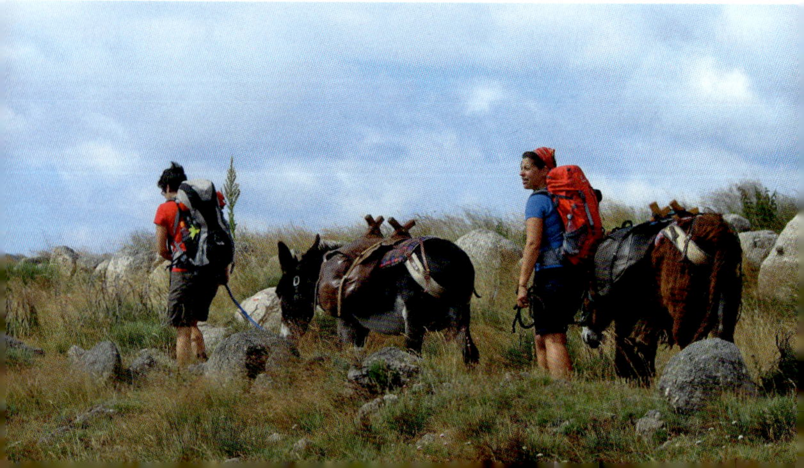

wegs. Jede Jahreszeit hat uns andere Facetten des Weges gezeigt und eröffnet nicht nur unterschiedliche Ausblicke, sondern auch Herausforderungen.

Wir wünschen Ihnen erholsame, genussvolle und erlebnisreiche Wandertage. Lassen Sie sich bezaubern und tauchen Sie ein in eine ursprüngliche und fantastische Naturlandschaft.

Bon chemin,
Véronique Kämper und Annika Witte

„Merci beaucoup"

Ich möchte mich zuerst herzlich bei Véronique Kämper bedanken für ihre Vorarbeit und die viele Zeit, die sie zweifelsohne in die ersten beiden Auflagen dieses Buches gesteckt hat. Ich hoffe, die Überarbeitung gefällt dir so gut, wie mir der Weg, die Natur und die Menschen der Cevennen gefallen haben.

Außerdem danke ich meinem Freund Laurin, ohne den das Abenteuer Stevensonweg mit frischem Bänderriss und dem doch sehr aprilhaften Wetter nicht möglich gewesen wäre. Wir haben uns durch jeden Bach und jede Klimazone Frankreichs geschlagen und oft geflucht, aber nie den Spaß und die Freude an der Landschaft und der Herausforderung verloren.

Einleitung

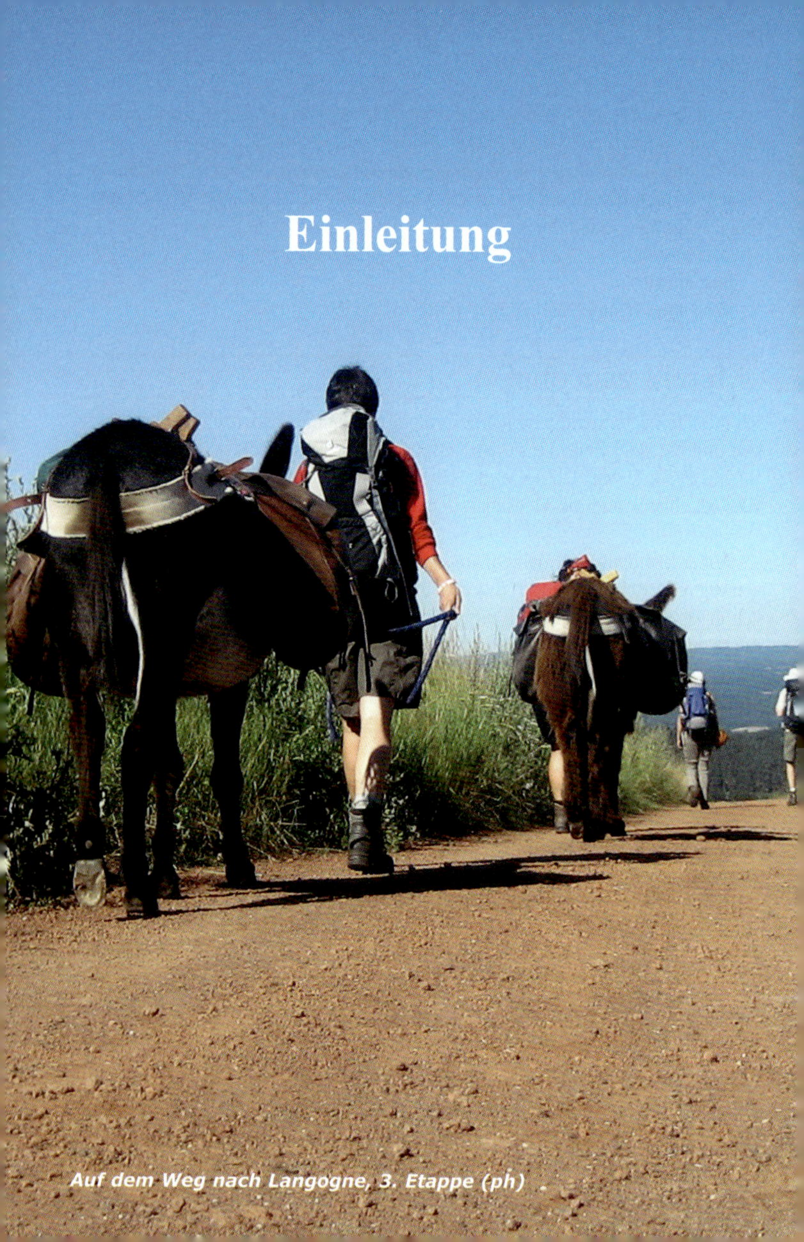

Auf dem Weg nach Langogne, 3. Etappe (ph)

Der Stevensonweg

Der Stevensonweg ist ein historischer Weg und benannt nach seinem Erstbegeher, dem schottischen Schriftsteller Robert Louis Stevenson. Im Herbst des Jahres 1878 wanderte er zusammen mit seiner Eselin Modestine 12 Tage von Le Monastier-sur-Gazeille (im Departement Haute-Loire) in Richtung Süden bis Saint-Jean-du-Gard (im Departement Gard). Seine Reiseerlebnisse veröffentlichte er ein Jahr später in seinem Reisebericht „Reise mit dem Esel durch die Cévennen".

Die 231 km lange Strecke durchquert die vier Regionen Velay, Gévaudan, Mont Lozère und Cevennen und bietet Wanderinnen und Wanderern unterschiedliche faszinierende Landschaftsimpressionen. Auf bunten Wiesenwegen, einsamen Waldpfaden durch schöne Eichen- und Kastanienwälder, durch wildromantische Ginster-, Karst- und Heidelandschaften sowie auf alten, mit Steinplatten ausgelegten Dorfverbindungswegen, immer fernab von Industrie, Lärm und Hektik, tretend Wandernde eine stille Reise in die Vergangenheit an. Unterwegs werden sie konfrontiert mit den historischen Begebenheiten und Legenden der verschiedenen Regionen: die Geschichte der Protestantinnen und Protestanten und ihr Widerstand gegen die katholische, absolutistische Staatsmacht, die Kamisardenkriege, die Legende von der Bestie des Gévaudan, die Bedeutsamkeit der Kastanienkultivierung für die Cevennen und der einst wichtigste Wirtschaftszweig dieser Region: die Seidenmanufaktur.

Der Stevensonweg verläuft hauptsächlich auf bequem zu laufenden Wegen in einer Höhe zwischen 700 und 1.000 m durch das französische Zentralmassiv, doch gilt es auch, den 1.699 m hohen Gipfel des Mont Lozère, den Sommet de Finiels, zu überschreiten. Karg und rau ist das steppenartige Hochland am kahlen Mont Lozère, dem höchsten Berg des Nationalparks der Cevennen, von wo aus beeindruckende Blicke weit über die unendlich scheinenden Gebirgsketten reichen. Der Stevensonweg ist jedoch nicht nur ein Weg der Berge, sondern auch ein Weg der Flüsse und so überquert man auf der Wanderung die Loire, die Allier, den Lot und viele andere kleine Flüsse, die im Sommer zum Baden einladen.

Zu Beginn führt der Weg immer wieder vorbei an bewaldeten Vulkankegeln der Auvergne, später hinab durch Schluchten und kleine Schieferdörfer, deren alte Häuser sich eng aneinanderschmiegen und eine verträumte Stimmung verbreiten, in der man gerne länger verweilen möchte. In den Sommermonaten Juli und August leben die kleinen Dörfer durch die Touristinnen und Touristen merklich auf: Fröhliche Dorffeste werden gefeiert und auf den Wochenmärkten herrscht ein buntes Treiben. Für Wanderinnen und Wanderer kehrt die vertraute Stille nach nur wenigen Schritten in den Fußstapfen Stevensons wieder ein.

Wer wie R. L. Stevenson in Begleitung eines Esels wandert, erfährt diesen Weg auf eine bezaubernde und besonders intensive Art, wie ich aus eigener Erfahrung berichten kann. Der langohrige, graufellige Gepäckträger und Weggefährte bestimmt das gemütliche Tempo und wird, insbesondere bei Kindern, schnell zu einem guten Freund, der zum Wandern motiviert.

Die Eselverleihe vor Ort bieten wanderfreudige, geschulte Esel und die meisten Unterkünfte sind ebenfalls auf Esel eingestellt.

Der Stevensonweg existiert offiziell seit 1993 und ist in das System der französischen Fernwanderwege als „Sentier de grande randonnée n°70" (GR 70) eingeordnet. Als solcher ist er größtenteils deutlich mit den entsprechenden rot-weißen Wegzeichen und zusätzlichen Wegweisern gekennzeichnet.

Ob rau oder lieblich, felsig oder bewaldet, eben oder hügelig, trocken oder von Wildbächen durchzogen – der Stevensonweg ist gegensätzlich und vielseitig, jedoch stets ursprünglich.

Robert Louis Stevenson und seine Reise durch die Cevennen

Am Sonntag, dem 22. September 1878 bricht der schottische Schriftsteller Robert Louis Stevenson von Le Monastier-sur-Gazeille zu einem Fußmarsch durch die Cevennen auf. Zu diesem Zeitpunkt ist er 28 Jahre alt und unglücklich verliebt in die Amerikanerin Fanny Osbourne, die zehn Jahre älter als er, verheiratet und Mutter zweier Kinder ist. Die beiden lebten zusammen in Paris, doch nun hat sich Fanny mit ihrer Tochter Belle und ihrem Sohn Lloyd nach Kalifornien eingeschifft, um dort ihren Ehemann zu treffen.

So bleibt Stevenson allein in Frankreich zurück und plant seine Reise in die Cevennen – zum einen, um sich von seinem Liebeskummer abzulenken, und zum anderen, um endlich die Region zu bereisen, die ihn schon seit seiner frühesten Kindheit interessiert. Als schottischer Protestant hegt er großes Interesse für die Kamisardenkriege und die mythischen Geschichten der Cevennen.

Er quartiert sich in Le Monastier-sur-Gazeille ein und trifft umfangreiche Vorbereitungen für die rund 220 km lange Strecke bis Saint-Jean-du-Gard: Er lässt sich einen Spezialschlafsack anfertigen, packt eine Menge Dinge, u. a. Revolver, Spirituskocher, Bücher, Eierschneebesen, Esswaren wie Zervelatwurst in Büchsen, eine Hammelkeule und eine Flasche Wein ein – viel zu viel, wie sich bald herausstellen wird. Um das ganze Gepäck dennoch transportieren zu können, kauft er eine Eselin, die er „Modestine" nennt und die ihn auf seinem Weg durch die Cevennen begleiten soll.

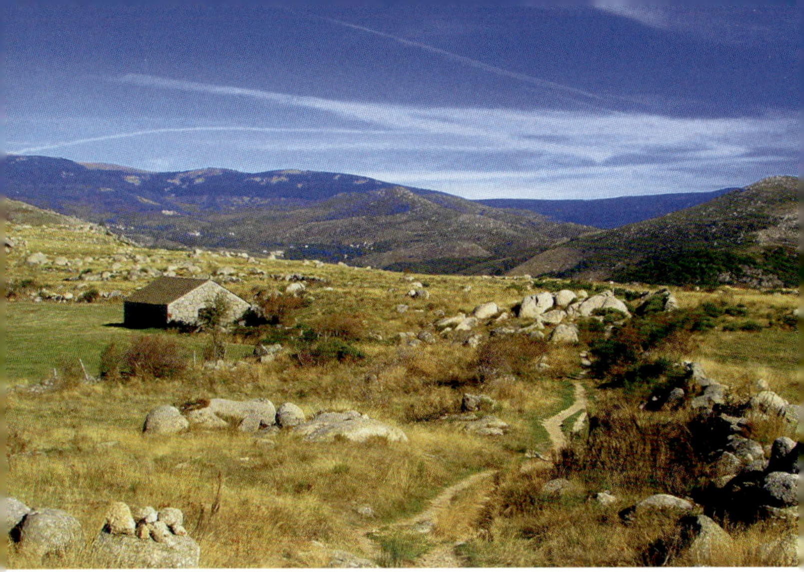

Auf dem Plateau de Cham de l'Ermet, 8. Etappe (vk)

„Von einem Touristen meiner Sorte hatte man in dieser Gegend noch nie etwas gehört. Man betrachtete mich mit geringschätzigem Mitleid wie einen, der sich eine Mondreise vorgenommen hat, und zugleich mit respektvollem Interesse wie einen, der im Begriff ist, zum unwirtlichen Nordpol aufzubrechen", schreibt R. L. Stevenson später in seinem Reisebericht „Reise mit dem Esel durch die Cévennen", der 1879 veröffentlicht wird.

Nach unzähligen Impressionen, interessanten Begegnungen und vielen kleinen Abenteuern mit seiner Eselin Modestine erreicht Stevenson schließlich am 3. Oktober 1878 den Ort Saint-Jean-du-Gard, wo er seinen Fußmarsch beendet und von wo aus er die Postkutsche nach Alès nimmt.

Ein halbes Jahr nach seiner Reise in die Cevennen folgt R. L. Stevenson seiner großen Liebe Fanny Osbourne nach Amerika und heiratet sie 1880. Die beiden bleiben bis zu seinem Tod am 3. Dezember 1894 zusammen.

Im Jahr 1881 schreibt Stevenson für seinen Stiefsohn Lloyd „Die Schatzinsel" (Treasure Island), jenes Buch, das ihm zu weltweitem Ruhm verhelfen wird. Als Meister der Erzählung gehört Stevenson zu den wesentlichen Vertretern der englischen Literatur des 19. Jh. Neben den Reisebüchern „Eine Inlandreise" (An Inland Voyage) von 1878 und „Reise mit dem Esel durch die Cévennen" (Travels with a Donkey in the Cevennes) aus dem Jahre 1879 wurden vor allem die Romane „David Balfour" (Kidnapped) und „Der Junker von Ballantrae" (The Master of

Ballantrae) sowie die Erzählung „Dr. Jekyll und Mister Hyde" (The Strange Case of Dr Jekyll and Mr Hyde) sehr bekannt.

Der Verein „Sur le chemin de R.L. Stevenson"

Der Verein „Sur le chemin de R.L. Stevenson" gründete sich 1994, nachdem nur ein Jahr zuvor der Stevensonweg von der Fédération Française de Randonnée Pédestre markiert und offiziell als GR 70 in das Netz der französischen Fernwanderwege aufgenommen wurde.

Der Verein, der mit drei festen und zahlreichen ehrenamtlichen Mitarbeitenden in Le Pont-de-Montvert ansässig ist, hat es sich in erster Linie zur Aufgabe gemacht, dem Stevensonweg zu mehr Bekanntheit zu verhelfen. In Zusammenarbeit mit Partnern wie zum Beispiel dem Parc national des Cévennes organisiert der Verein „Sur le chemin de R.L. Stevenson" interessante kulturelle Veranstaltungen. So begleiten Ausstellungen, Diavorträge sowie thematische und literarische Wanderungen den Stevensonweg und lassen diesen zu einem lebendigen Kulturweg werden. Die verschiedenen Angebote bieten jedem Interessierten die Möglichkeit, R. L. Stevenson auf unterschiedliche Art und Weise kennenzulernen – sei es als Schriftsteller, Abenteurer oder einfach als Mensch.

Zur Planung und Vorbereitung auf den Stevensonweg hält die Organisation eine kleine, handliche und sehr informative Broschüre bereit, die jährlich aktualisiert wird und in deutscher, englischer und französischer Sprache erhältlich ist. Die kostenlose Broschüre enthält u. a. eine Liste mit Unterkünften (mit Angabe von Preis und Kapazität), Restaurants, Eselverleihern, Gepäcktransportanbietern und weiteren Dienstleistungsunternehmen, die dem „Relais Stevenson" angehören. Auf der Internetseite ist außerdem der Link zu einer sehr praktischen App zu finden mit GPS-Route und vielen Informationen und Verlinkungen. Der vom Verein initiierte „Relais Stevenson" ist ein Zusammenschluss von mehr als 80 Dienstleistungsunternehmen entlang des Stevensonweges, die besonders auf die Bedürfnisse der Wanderinnen und Wanderer eingestellt sind und in ihrem Dienste stehen.

Der Stevensonweg ist mittlerweile zu einem bedeutenden Standbein für den Ökotourismus in den Regionen Velay, Gévaudan, Mont Lozère und Cevennen geworden. Dank des naturnahen Tourismuskonzeptes, der professionellen Vermarktung und der guten regionalen und überregionalen Vernetzung durch den Verein „Sur le chemin de R.L. Stevenson" findet der Stevensonweg immer mehr Zuspruch. Die Zahl der Wandernden steigt stetig, jedoch ohne dass der Weg an Authentizität verliert.

Als Anerkennung für seine Verdienste in der Ökotourismusbranche ist der Verein im Oktober 2010 mit dem Preis „Trophée du Tourisme Responsable

2010" in der Kategorie „Destination et Territoires de France" ausgezeichnet worden.

Historische Etappen von R. L. Stevenson (sg)

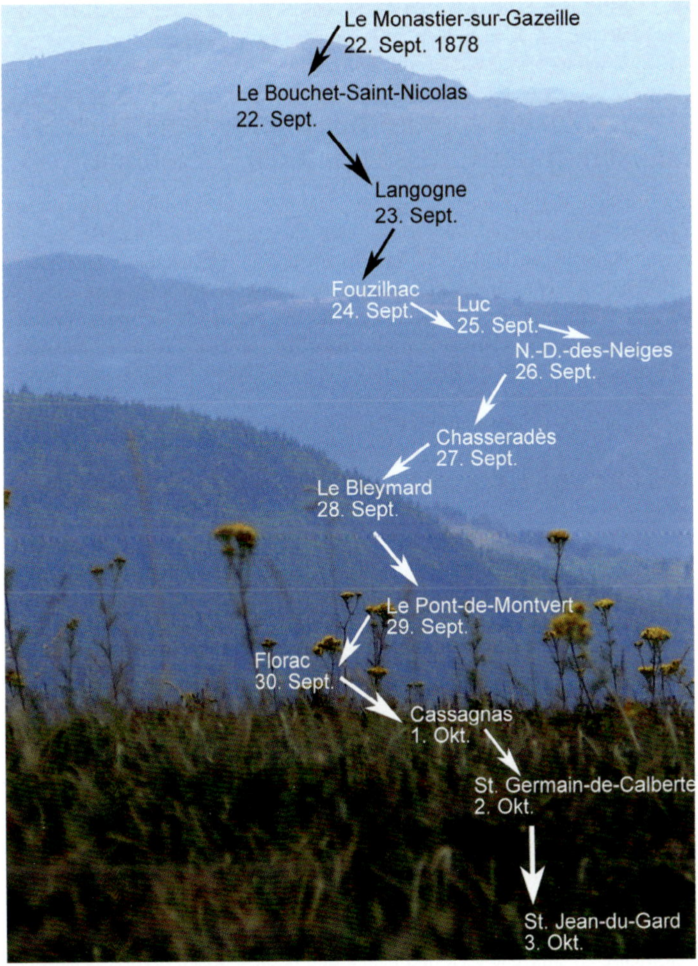

Im Jahr 2015 wurde der Stevensonweg als „Kulturweg des Europarats" klassifiziert – eine Auszeichnung, die das Kulturerbe und die kulturelle Vielfalt des Stevensonweges zusätzlich aufwertet, übermittelt und schützt.

i Association „Sur le chemin de R.L. Stevenson", Rue des Écoles, 48220 Le Pont-de-Montvert, ☏ 04 66 45 86 31, ✉ asso.stevenson@gmail.com, 💻 www.chemin-stevenson.org

UNESCO-Weltnaturerbe: mediterrane Hirtenlandschaft der Causses und der Cevennen

Am 28. Juni 2011 wurden die an den südlichen Ausläufern des französischen Zentralmassivs gelegenen Causses und Cevennen mit ihren Kalkhochflächen und Granitbergen in die UNESCO-Liste des Welterbes aufgenommen. „Die Landschaften der Causses sind in drei Jahrtausenden von der Weidewirtschaft geformt worden" und stehen für eine kulturelle Tradition, „die auf typischen Sozialstrukturen und lokalen Schafrassen gründet und sich in der Landschaftsstruktur widerspiegelt, besonders in der Art der Höfe, der Gebäude, der Felder, der Wasserwirtschaft, der Wege des Viehtriebs (*drailles*) und der kommunalen Allmende", so die Begründung der UNESCO. Das knapp über 3.000 km² große Weltnaturerbe-Gebiet deckt sich in etwa mit den bereits bestehenden Flächen des Nationalparks der Cevennen, des UNESCO-Biosphären-Reservats und des Naturparks der Grandes Causses.

Der Nationalpark der Cevennen

Im Jahre 1970 wurde der „Parc national des Cévennes" gegründet, der mit 3.213 km² der größte Nationalpark Frankreichs ist. Er umfasst hauptsächlich Teile der Departements Lozère und Gard sowie einen kleinen Teil des Departements Ardèche. Der Park, dessen Verwaltungssitz in Florac liegt, gliedert sich in zwei Zonen: eine dünn besiedelte Kernzone mit nur 500 Einwohnerinnen und Einwohnern, umgeben von einer Randzone, in der etwa 71.000 Menschen leben.

Hierin unterscheidet sich der Nationalpark der Cevennen von den anderen französischen Nationalparks, denn es steht nicht allein die Erhaltung der Naturwildnis im Vordergrund. Vielmehr geht es auch um den Erhalt der Landbevölkerung und deren geschaffene Kulturlandschaft sowie um die Bewahrung kulturellen Erbguts im Einklang mit der Natur. Im Nationalpark der Cevennen vermischen sich Mensch, Natur und Zeit und bieten den Besucherinnen und Besuchern ein einzigartiges Landschaftsmosaik. Es gilt, das Gleichgewicht zwischen diesen drei Komponenten zu erhalten und weiterzuentwickeln.

Der Nationalpark der Cevennen besticht durch seine vielfältige und kontrastreiche Landschaft: grüne Hügel, ausgedehnte Eichen-, Buchen-, Kastanien- und Nadelwälder, Täler und tiefe Schluchten, weitläufiges Grashochland, herbe Heidelandschaft und die für diese Region typischen Causses, Kalkhochflächen, deren Bild von jahrhundertelanger Schafzucht geprägt ist.

Überragt wird diese Landschaft von den drei höchsten Bergen des Nationalparks: dem Mont Lozère (1.699 m) im Norden, dem Mont Aigoual (1.565 m) im Südosten und dem sich dazwischen befindenden Signal du Bougès (1.421 m).

Begünstigt durch unterschiedliche geologische Vorkommen (Granit-, Schiefer- und Kalksteinböden) sowie durch die drei Klimagroßbereiche, das mediterrane, das ozeanische und das kontinentale Klima, findet sich eine unermessliche Artenvielfalt in Fauna und Flora. Im Frühling bedeckt ein Narzissenteppich die Berghänge, während auf den Lichtungen und in den Wäldern Türkenbundlilien, Bergwohlverleih und Frühlingsadonisröschen blühen. Ebenfalls im Nationalpark der Cevennen angesiedelt sind der Frauenschuh und über 40 andere Orchideenarten. Insgesamt sind etwa 2.200 unterschiedliche Pflanzenarten registriert und über 2.400 verschiedene Tierarten haben ihren Lebensraum in diesem Nationalpark gefunden. Auch die Wiederansiedlung von Rothirsch, Reh, Muffelwild, Biber, Auerhahn sowie Gänse- und Mönchsgeier ist erfolgreich gelungen. Dank der guten Schutzvoraussetzungen haben sich Otter, Steinadler und Schlangenadler wieder beträchtlich vermehrt. Die Politik der Erhaltung der großen Pflanzenvielfalt hat die Rückkehr dieser Tiere ermöglicht.

Was nicht nur tagsüber wunderschön ist, wird auch nachts zum großartigen Erlebnis. So wurde der besonders strahlende Sternenhimmel der Cevennen und die nächtliche Naturlandschaft im August 2018 mit dem Label „International Dark Sky Reserve“ versehen.

i Maison du Parc national des Cévennes, 6 bis, Place du Palais, 48400 Florac,
☏ 04 66 49 53 00, ✉ info@cevennes-parcnational.fr,
💻 www.cevennes-parcnational.fr

Reise-Infos von A bis Z

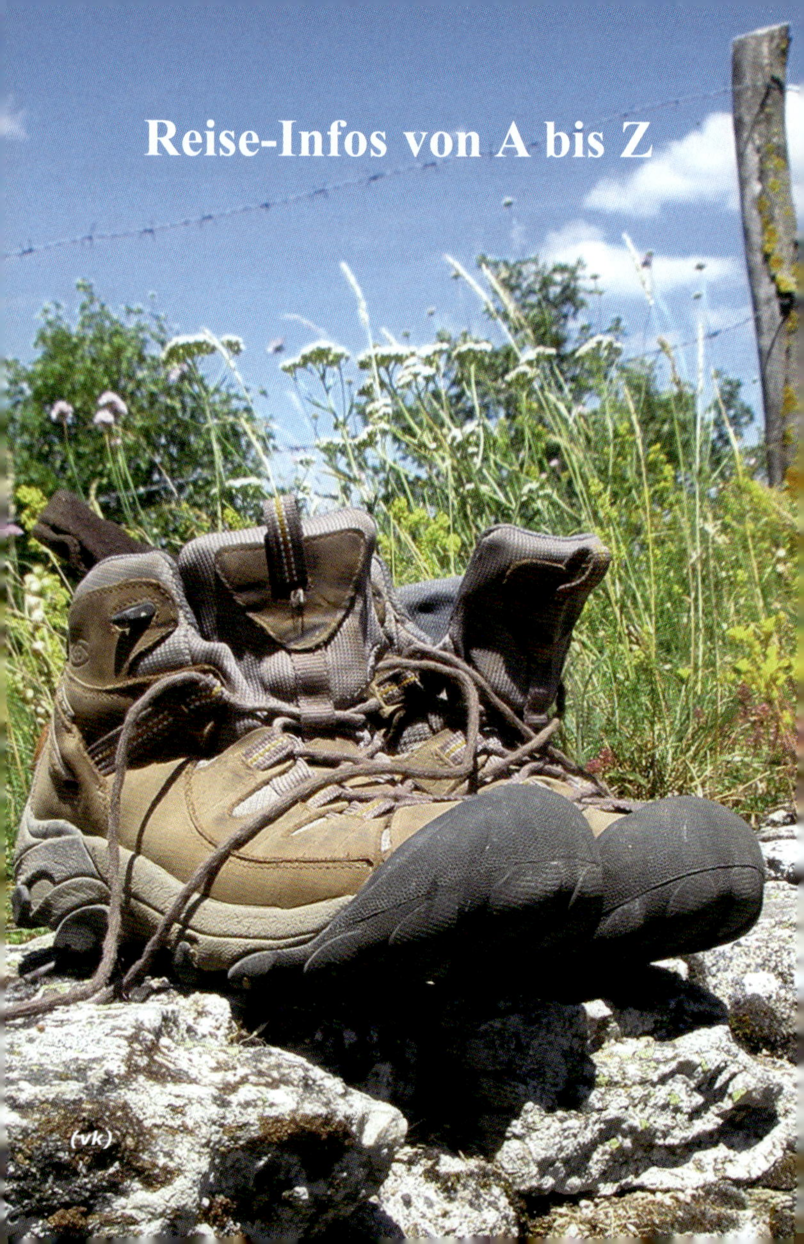

(vk)

An- und Rückreise

Da Sie auf der Streckenwanderung ab Le Puy-en-Velay nicht auf ein eigenes Auto angewiesen sind, ist die bequemste Anreise mit der Bahn. Es verkehren mehrmals täglich „ter"-Züge („train express régional") von Clermont-Ferrand und Lyon direkt nach Le Puy-en-Velay. Von Paris aus ist der Umstieg in Clermont-Ferrand oder Saint-Étienne Châteaucreux in den ter möglich.

- Clermont-Ferrand – Le Puy-en-Velay: etwa 2 Std.
- Lyon – Le Puy-en-Velay: etwa 2 Std.
- Paris – Le Puy-en-Velay: etwa 4 Std. 30 Min.

Die genauen Zugverbindungen finden Sie unter:

- www.sncf-connect.com
- www.bahn.de

Der Regionalflughafen von Loudes befindet sich 10 km nordwestlich von Le Puy-en-Velay, mit dem Taxi etwa 15 Min. vom Zentrum entfernt, und hat Mo, Di, Do, Fr Verbindungen mit dem Flughafen Paris-Orly.

- Fluggesellschaft Twin Jet, ☏ 04 42 90 12 14 , infolignes@twinjet.net, www.twinjet.fr

Der Flughafen Lyon Saint-Éxupery bietet Direktflüge nach Deutschland, Österreich und in die Schweiz.

- www.lyonaeroports.com

Die schnellste Strecke mit dem Auto führt über die Autobahnen vorbei an Mulhouse, Montbéliard, Lyon nach St. Étienne. Von dort an folgen Sie der größtenteils zweispurig ausgebauten N88 bis nach Le Puy-en-Velay. Le Puy-en-Velay liegt 135 km von Lyon, 290 km von Genf und 520 km von Paris entfernt.

Die Autobahnen in Frankreich sind in der Regel mautpflichtig, Ausnahmen sind kurze Streckenabschnitte in Grenznähe, sowie die Stadtumgehungsautobahn von Lyon. Für Pkw kosten 100 Autobahnkilometer im Durchschnitt € 15, für Motorräder und Wohnmobile gelten Staffelpreise. Sie können Ihre Autobahngebühren genau errechnen lassen unter:

- www.viamichelin.de, www.autoroutes.fr

P In Le Puy-en-Velay: Auf dem Parkplatz Betrand de Doue direkt am Bahnhof gibt es ein spezielles „Wanderabonnement". Dazu müssen Sie direkt nach der Ankunft mit dem Parkticket im l'Espace Commercial Mobilité-en-Velay (über die

Fußgängerbrücke direkt zu erreichen) nach dem „Tarif randonneur" fragen. Dieser ist mit € 10 für 7 Tage oder € 20 für 30 Tage vergleichsweise günstig. Ansonsten kostet das Parken € 3/Tag. Am Wochenende und an Feiertagen ist das Parken hier kostenlos.

♦ l'Espace Commercial Mobilité-en-Velay, Av. Charles Dupuy, 43000 Le Puy-en-Velay, ☏ 04 71 02 60 11,
 https://mobilite.lepuyenvelay.fr/parkings/parking-bertrand-de-doue,
 Mo bis Fr 9:00 bis 12:00 und 13:30 bis 18:00

Für die Rückreise von Saint-Jean-du-Gard nach Le Puy-en-Velay müssen Sie einen ganzen Tag einplanen, wenn Sie mit öffentlichen Verkehrsmitteln reisen. Die Rückfahrt gliedert sich in folgende Etappen:

♦ Saint-Jean-du-Gard – Alès: (Linie 72, 81), www.alesy.fr (Fahrpläne), etwa 1 Std.
♦ Mo bis Sa: Alès – La Bastide – Langogne – Le Puy-en-Velay: & , www.sncf-connect.com (Fahrpläne), etwa 4 Std. 30 Min.
♦ So: Alès – Langeac – Le Puy-en-Velay: & , www.sncf-connect.com (Fahrpläne), etwa 4 Std. 30 Min.

☺ Deutlich bequemer und weniger zeitaufwendig: Einige Gepäcktransportunternehmen bieten April bis Oktober verkehrende Pendelbusse zwischen Saint-Jean-du-Gard und Le Puy-en-Velay an. Die Fahrzeit beträgt etwa 5 Std., nur nach vorheriger Reservierung, Fahrzeiten variieren je nach Unternehmen (☞ Gepäck- und Personentransport).

Wer aus Saint-Jean-du-Gard direkt zurückreisen möchte, kann eine der folgenden Optionen nutzen:

Mit dem Bus geht es zunächst nach Alès und von dort aus nach Nîmes. Von Nîmes aus gelangt man mit zahlreichen internationalen Verbindungen nach Deutschland, Österreich und in die Schweiz.

♦ Saint-Jean-du-Gard – Alès: (Linie 72, 81), www.alesy.fr (Fahrpläne), etwa 1 Std.
♦ Alès – Nîmes: (ter), www.sncf-connect.com (Fahrpläne), 30 Min.

Von Nîmes aus geht es mit dem Zug auch weiter zum Flughafen Marseilles, von wo aus Frankfurt, München, Wien und Zürich direkt angeflogen werden.

♦ Nîmes – Arles – Vitrolles, Aéroport Marseille Provence: ,
 http://www.sncf-connect.com, etwa 2 Std. 30 Min.

♦ ✈ Flughafen Marseille Provence, 💻 www.marseille-airport.com

Ausrüstung

Wichtige Voraussetzung für eine angenehme Stevensonweg-Tour sind gut eingelaufene, bequeme Wanderschuhe und ein individuell einstellbarer, bequem zu tragender Rucksack. Beim Kauf von Wanderschuhen und Rucksack sollten Sie sich ausreichend Zeit nehmen und weder Kompromisse eingehen noch Geld sparen. Hochwertige Qualität hat ihren Preis und zahlt sich während der Wanderung aus.

Die **Wanderschuhe** sollten über die Knöchel reichen, sodass auch bei den steinigen Passagen fester Halt gegeben ist.

Ein guter **Rucksack** zeichnet sich unter anderem durch einfach und individuell einstellbare Trageriemen, einen gut gepolsterten Hüftgurt, mehrere Seiten- und Vordertaschen zum praktischen Verstauen von Kleinkram und eine integrierte Regenhülle aus. Der Hüftgurt sollte fest auf den Hüftknochen sitzen und somit das Gewicht auf den Schultern deutlich reduzieren. Lassen Sie sich beim Kauf unbedingt im Fachgeschäft beraten.

Ihr gepackter Rucksack sollte auf keinen Fall mehr als 10 bis 12 kg wiegen, Tagesproviant und 1,5 l Wasser inklusive – alles andere ist Schinderei. Es empfiehlt sich daher, im Voraus den Rucksack Probe zu packen und alle Dinge, die Sie mitnehmen wollen, auszuwiegen.

📖 **Trekking ultraleicht** von Stefan Dapprich und Stefan Kuhn, Conrad Stein Verlag, OutdoorHandbuch, Basiswissen für draußen, Band 184, ISBN 978-3-86686-770-3, € 12,90

Zum Schutz vor Regen sollten Sie Ihren Rucksack imprägnieren und Ihre Ausrüstung in mehrere große (und nach Möglichkeit durchsichtige) Plastiktüten verstauen. So haben Sie auch etwas Ordnung im Rucksack und finden Ihre Sachen schneller.

Achten Sie beim Packen des Rucksacks darauf, dass die schweren Dinge nah am Rücken verstaut werden und das Gewicht an den Seiten gleichmäßig verteilt ist, sodass der Rucksack nicht in eine Richtung hängt.

☺ Falls Sie in Begleitung eines Esels laufen, benötigen Sie lediglich einen kleinen Tagesrucksack. Der Esel trägt Ihr Gepäck (maximal 30 bis 40 kg!), welches in Packtaschen verstaut wird (☞ Esel und Eselverleih).

Die genaue Zusammenstellung Ihres Gepäcks variiert natürlich je nach Jahreszeit und Art der Unterkunft, in der Sie übernachten. In den Chambres d'hôtes benötigen Sie weder Handtuch noch Schlafsack, diese sind jedoch in den Gîtes d'étape unerlässlich. Sollten Sie mit dem Zelt unterwegs sein, so kommt zur normalen Ausrüstung noch die gesamte Campingausrüstung dazu. Die nachfolgende Packliste wird Ihnen helfen, das Gewicht des Rucksacks möglichst leicht zu halten.

Ausrüstung und Schlafen

- ☐ bequemer, nicht zu großer Rucksack (45-50 Liter)
- ☐ Regenhülle für den Rucksack oder Kraxenponcho (Regenponcho mit integrierter Ausbuchtung für den Rucksack)
- ☐ evtl. leichter Schlafsack für die Gîtes d'étape bzw. warmer Schlafsack zum Zelten
- ☐ evtl. Zeltausrüstung
- ☐ evtl. leichte Isomatte für gemütliche Picknickpausen
- ☐ evtl. ultraleichter, kleiner Rucksack/Stofftasche zum Einkaufen

Bekleidung

- ☐ Sehr empfehlenswert ist Outdoorbekleidung aus modernen Textilfasern: Diese ist vom Gewicht sehr leicht, zudem strapazierfähig und trocknet schnell.
- ☐ bequeme, eingelaufene Wanderschuhe (am besten knöchelhoch)
- ☐ leichte Freizeitschuhe (Laufsandalen oder Joggingschuhe)
- ☐ evtl. Badelatschen
- ☐ 2 Paar gute Wandersocken
- ☐ leichte Freizeitsocken
- ☐ nahtlose Unterhosen (ansonsten kann der Hüftgurt vom Rucksack schmerzhaft drücken)
- ☐ evtl. BHs
- ☐ Unterhemd aus Mikrofaser
- ☐ evtl. warme lange Skiunterwäsche aus Mikrofaser (im Frühjahr und Herbst ein Muss!), die auch als Schlafanzug getragen werden kann
- ☐ 2 bis 3 T-Shirts (evtl. ein langärmliges)
- ☐ leichter, aber warmer Fleecepulli oder Fleecejacke (auch im Sommer)
- ☐ 2 Wanderhosen mit abnehmbaren Beinen und großer Tasche für diesen Wanderführer
- ☐ Wind- und regendichte Jacke
- ☐ evtl. Halstuch

- ☐ Sonnenhut (im Sommer)
- ☐ warme Mütze, Schal und Handschuhe (im Frühling und Herbst)
- ☐ evtl. Badeanzug/Badehose für das Baden im Fluss

Erste Hilfe und Medikamente

- ☐ Pflaster und Blasenpflaster (Compeed)
- ☐ Hirschtalg zur Vorbeugung von Blasen
- ☐ Desinfektionsmittel (wenige Milliliter sind ausreichend)
- ☐ 1 elastische Binde
- ☐ 1 Verbandpäckchen
- ☐ 1 Wundschnellverband
- ☐ 1 breite Rolle Leukoplast
- ☐ 1 kleine Tube Sportsalbe (Voltaren, Mobilat)
- ☐ Wundsalbe/Zinksalbe zur Behandlung von Aufschürfungen oder Wundreiben
- ☐ 2 bis 3 Tabletten gegen Durchfall
- ☐ 2 bis 3 Schmerztabletten
- ☐ Persönliche Medikamente

Körperpflege

- ☐ 1 kleiner Kulturbeutel (besonders praktisch mit Haken zum Aufhängen)
- ☐ 1 Mikrofaserhandtuch (ist sehr leicht und trocknet schnell)
- ☐ Toilettenartikel in Reisegröße
- ☐ evtl. 1 kleine Tube Fußcreme/Fußgel für die Nacht
- ☐ 1 Nagelschere
- ☐ Lippenpflege
- ☐ Sonnenschutzcreme mit hohem Lichtschutzfaktor
- ☐ evtl. Insektenschutz
- ☐ evtl. ½ Rolle WC-Papier
- ☐ evtl. 1 Päckchen Feuchttücher

Papiere

- ☐ Personalausweis
- ☐ evtl. Führerschein, Fahrzeugschein
- ☐ Fotokopien aller Dokumente (wichtige Hilfe bei Verlust)
- ☐ evtl. Fahrkarte oder Flugticket
- ☐ Europäische Krankenversicherungskarte
- ☐ EC-Karte (mitsamt Notrufnummer zum Sperren)
- ☐ dieser Wanderführer

- ☐ Kartenmaterial
- ☐ Adressenliste von Freundinnen und Freunden, Familie, Ihrer Hausärztin/Ihrem Hausarzt
- ☐ evtl. Reservierungsnachweise
- ☐ evtl. kleines Wörterbuch

Sonstiges

- ☐ evtl. Digital-/Kleinbildkamera mit Speicherkarten und Ladegerät/ Batterien
- ☐ evtl. Handy, Ladegerät und Adapter
- ☐ Sonnenbrille
- ☐ evtl. Brille, Kontaktlinsen und Pflegemittel
- ☐ 1 kleine, leichte Taschen- oder Stirnlampe
- ☐ 1 Trinkflasche für 1 Liter (im Hochsommer besser 2 Trinkflaschen für 1,5 bis 2 Liter)
- ☐ evtl. Vitamin-/Mineraltabletten
- ☐ leichtes Taschenmesser, Gabel und Löffel, Alutasse
- ☐ etwas Nähzeug
- ☐ kleine Tube Waschmittel
- ☐ Sicherheitsnadeln (zum Befestigen der gewaschenen Kleidungsstücke am Rucksack)
- ☐ evtl. ein paar Wäscheklammern
- ☐ Kugelschreiber, Bleistift
- ☐ evtl. kleines Tagebuch oder einige Seiten Papier
- ☐ Teleskopwanderstöcke (zur Entlastung der Gelenke, besonders der Knie)
- ☐ kleine, leere Plastiktüten für Müll

Diplomatische Vertretungen

(D) **Botschaft der Bundesrepublik Deutschland**, 13/15 Avenue Franklin D. Roosevelt, 75008 Paris, ☏ 01 53 83 45 00, ✉ über Kontaktformular, 💻 www.allemagne.diplo.de

(A) **Botschaft der Republik Österreich**, 6 Rue Fabert, 75007 Paris, ☏ 01 40 63 30 63, ✉ über Kontaktformular, 💻 www.bmeia.gv.at/oeb-paris/

(CH) **Botschaft der schweizerischen Eidgenossenschaft**, 142 Rue de Grenelle, 75007 Paris, ☏ 01 49 55 67 00, ✉ paris@eda.admin.ch, 💻 www.eda.admin.ch/paris

Einkaufen

In den meisten Orten entlang des Stevensonweges finden Sie kleine Lebensmittelgeschäfte, deren Öffnungszeiten jedoch variieren. Die Kernöffnungszeiten sind Mo bis Sa 10:00 bis 12:00 und 15:00 bis 18:00. Am Sonntagvormittag sind die Läden häufig geöffnet, manche dafür am Montagvormittag geschlossen. Sie können unterwegs immer wieder Proviant kaufen und müssen nicht von vornherein alles mit sich tragen. Zudem können Sie in vielen Unterkünften, die Abendessen und Frühstück anbieten, ein Lunchpaket (*panier piquenique*) oder belegte Brote zum Mitnehmen bestellen.

Elektrizität

In Frankreich beträgt die Spannung 230 Volt. In die Steckdosen passen Eurostecker sowie die flachen Stecker für Ladegeräte von Digitalkameras und Handys.

Esel und Eselverleih

Es ist ein ganz besonderes Erlebnis, diesen Weg in Begleitung eines Esels zu gehen, so wie auch R. L. Stevenson mit seiner Eselin Modestine unterwegs war.

Mit Eseln zwischen Himmel und Erde unterwegs (sg)

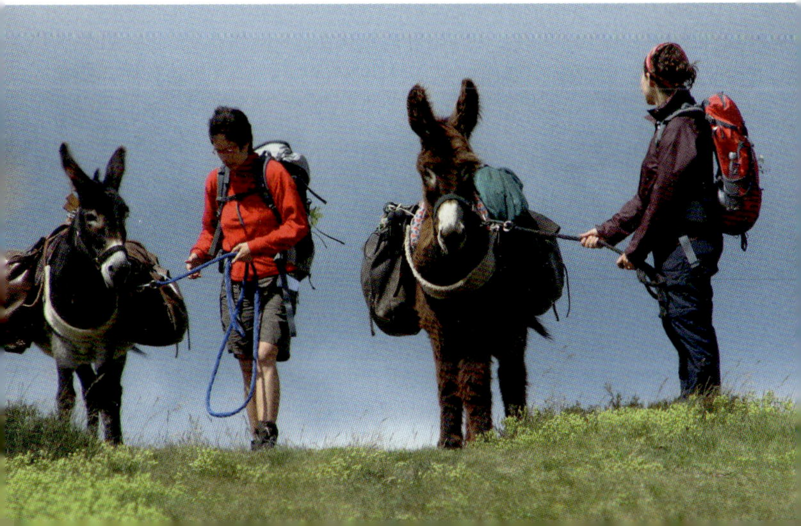

Esel sind nicht nur zärtliche, liebesbedürftige und anhängliche Kameraden, sondern auch intelligent genug, um manchmal das zu sein, was der Mensch fälschlicherweise als „störrisch" bezeichnet. Sie sind mit einer unstillbaren Neugier gesegnet und immer gern mit von der Partie. Mit ihnen Seite an Seite zu laufen ist eine wahre Freude. Es bedeutet, langsam zu reisen und das Land, das Sie durchqueren, intensiv kennenzulernen, seinen Menschen zu begegnen und mit ihnen ins Gespräch zu kommen. Esel bringen Geselligkeit.

Eselwandern ist für alle Zielgruppen eine originelle und alternative Art des Wanderns, egal, ob „eingefleischte" Wanderinnen und Wanderer oder Familien, die eine Tour mit ihren Kindern erleben möchten. Der graufellige Gepäckträger wird insbesondere bei Kindern schnell zu einem guten Freund, der zum Wandern motiviert. Er bestimmt das gemütliche, kinderfreundliche Lauftempo, das im Durchschnitt 3 bis 4 km pro Stunde beträgt, egal, ob auf ebener Strecke, bergab oder bergauf.

Zaubern können Esel auch, denn alle, denen wir auf unserem Weg begegnet sind, hatten beim Anblick unserer zwei Langohren Sucrette und Ugolin ein freudiges Lächeln im Gesicht ...

Warum also nicht einen Esel als zusätzlichen Wanderbegleiter mitnehmen, der 30 bis 40 kg Gepäck trägt? Das Gepäck wird in zwei großen Packtaschen verstaut, die vom Eselverleih gestellt werden. Bei Letzteren bekommen Sie Tipps, kriegen gezeigt, wie die Hufe ausgekratzt werden, wie gestriegelt und wie der Esel fachgerecht mit den entsprechenden Taschen bepackt wird.

Die meisten Unterkünfte sind auf Esel eingestellt und als solche mit dem Esel-Symbol gekennzeichnet. Für Verpflegung (Heu, Wasser, Körner, Kraftfutter oder Hafer) und Unterbringung auf einer Weide zahlen Sie € 2,50 bis € 8 pro Nacht und Esel. Weitere Versorgungskosten für den Esel fallen in der Regel nicht an.

☺ Reisen Sie so an, dass Sie am Vortag ausreichend Zeit haben, um mit Ihrem Esel vertraut zu werden und um gemeinsam mit der Eselverleiherin oder dem Eselverleiher den Umgang mit diesem zu lernen. Dann können Sie am nächsten Morgen ganz entspannt Ihre Wandertour beginnen.

Âne Azimut, Christophe Galland, 43 Rue Via Croze, 43150 Le Monastier-sur-Gazeille, 06 60 47 17 02, christophegalland@sfr.fr, www.aneazimut.com, 13 Tage inklusive Rücktransportkosten in der Hauptsaison Juli bis Aug € 799, in der Nebensaison Mai, Juni, Sep, Okt € 690

Rando-Âne, Gaelle Bruchet-Exbrayat, Route du Monastier, 43150 Alleyrac, 06 86 81 73 19, randoane@gmail.com, www.rando-ane.com, 13 Tage inklusive Rücktransportkosten in der Hauptsaison Juli bis Aug € 795, in der Nebensaison April bis Juni, Sep, Okt € 695

Location d'ânes Tatane, Nicolas Durand, Lieu dit les gonnets, 43260 Saint-Julien-Chapteuil, ☏ 06 81 28 49 10, ✉ tatane43@yahoo.com, 💻 https://tatane-ane-randonnee.hubside.fr, 1 bis 5 Tage € 45/Tag, ab mehr als 5 Tagen € 40/Tag, gesamter Stevensonweg € 680 inklusive Rücktransportkosten (Angebot nur April bis Juni und Sep bis Okt)

Le Mas des Ânes, Marie-Ange Benoit, 180 Impasse du Mas de Lasseze, 07590 Le Plagnal, 📱 06 61 81 66 69, ✉ lemasdesanes@gmail.com, 💻 www.lemasdesanes.fr, 12-14 Tage inklusive Rücktransportkosten € 730

Etappen

Für die gesamte Strecke, inklusive der Voretappe, von Le Puy-en-Velay nach Saint-Jean-du-Gard sollten Sie 10 bis 14 Tage einkalkulieren. Eine Familie mit Kind und Esel wird im Schnitt vielleicht 10 bis 15 km am Tag zurücklegen, sportlich ambitionierte Wanderinnen und Wanderer etwa 25 bis 31 km, woraus sich unterschiedliche Etappeneinteilungen ergeben.

Die von mir vorgegebenen Etappenlängen sind so gewählt, dass Unterkunft und Verpflegung am Ende jeder Wegstrecke gewährleistet sind. Dank zahlreicher

Wandernde sind herzlich willkommen (vk)

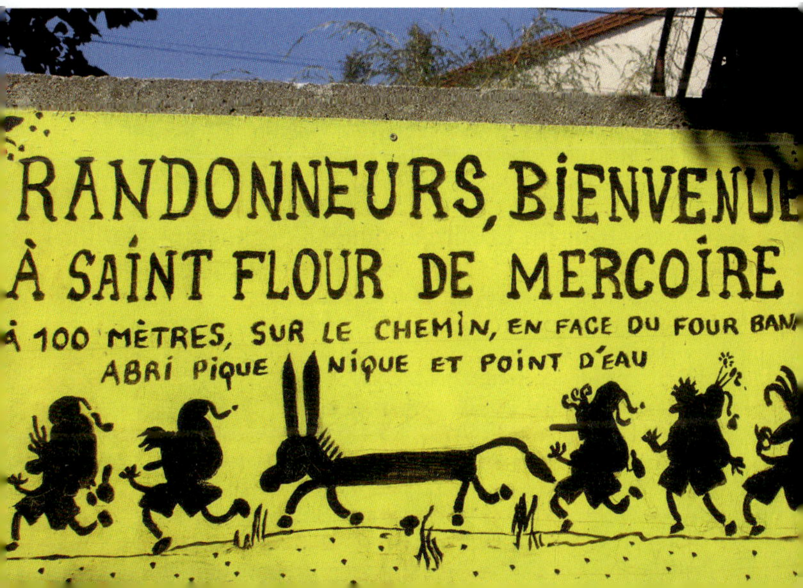

zusätzlicher Unterkünfte können Sie sich Ihre Tagesetappen individuell und je nach Laufpensum einteilen.

Zwecks frühzeitiger Reservierung (besonders im Sommer) empfehle ich Ihnen, sich die einzelnen Wegbeschreibungen gut durchzulesen, das Höhenprofil zu studieren und eventuell einen Entspannungs- oder Ruhetag einzuplanen.

Familien mit wanderfreudigen Kindern empfehle ich, einen Teilabschnitt des Stevensonweges in kurzen Tagesetappen zu laufen. Einen kinderfreundlichen Tourenvorschlag für 10 Tage finden Sie im Kapitel ☞ Wandern mit Kindern.

Im Buch ist die schöne Variante der 8. Etappe für diejenigen zu finden, die aus Zeitnot innerhalb einer Tagesetappe von Le Pont-de-Montvert nach Cassagnas (17,4 km) gelangen möchten. Auf diese Weise lassen sich sogar zwei Wandertage einsparen (☞ Variante der 8. Etappe: Le Pont-de-Montvert – Col de la Planette – Gare de Cassagnas, auf dem GR 72), wenn man die 10. Etappe direkt anhängt und den Weg bis Saint-Germain-de-Calberte fortsetzt. Dann müssten Sie allerdings insgesamt 33,3 km zurücklegen.

Für alle, die nicht ausreichend Zeit für den gesamten Stevensonweg haben und lediglich einen Abschnitt laufen können, gibt es zwei interessante kürzere Tourenmöglichkeiten.

Bei beiden vorgeschlagenen Touren besteht die Möglichkeit, mithilfe öffentlicher Verkehrsmittel zum Ausgangspunkt zurückzugelangen (☞ An- und Rückreise).

3-Tages-Tour im Velay (69,8 km)

Tag	von	bis	km
1:	Le Puy-en-Velay	Le Monastier-sur-Gazeille	19,6
2:	Le Monastier-sur-Gazeille	Le Bouchet-Saint-Nicolas	23,6
3:	Le Bouchet-Saint-Nicolas	Langogne	26,6

7-Tages-Tour im Lozère und den Cevennen (128,9 km)

Tag	von	bis	km
1:	La Bastide-Puylaurent	Chasseradès	12,2
2:	Chasseradès	Le Bleymard	17,1
3:	Le Bleymard	Le Pont-de-Montvert	20,1
4:	Le Pont-de-Montvert	Florac	29,3
5:	Florac	Cassagnas	17,0
6:	Cassagnas	Saint-Germain-de-Calberte	15,2
7:	Saint-Germain-de-Calberte	Saint-Jean-du-Gard	22,5

Fahrradfahren

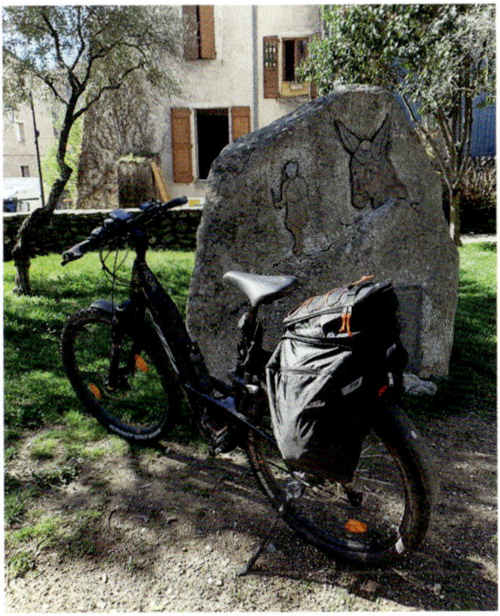

Auch Drahtesel können ans Ziel kommen (aw)

Wer auf die zotteligen Vierbeiner verzichten möchte und sich lieber selbst auf den Drahtesel schwingen will, den lädt die Landschaft der Cevennen zum Radfahren und Mountainbiken ein. Obwohl auf einigen Internetseiten der Stevensonweg auch als mountainbiketauglich bezeichnet wird, ist davon aber eher abzuraten. Viele der Wanderwege sind nicht nur sehr schmal und bei Regen eher kleine Bäche, das größte Problem sind die langen Anstiege über große Geröllbrocken. Selbst mit E-Antrieb ist das fast unmöglich. Wer dennoch die Landschaft erkunden und auf den Spuren von Robert Louis Stevenson fahren möchte, der findet auf der Website des Nationalparks Cevennen viele schöne Touren und Ausflugsmöglichkeiten (💻 www.cevennes-parcnational.fr).

Feiertage

- 1. Januar (Neujahr)
- Ostern (Sonntag und Montag)
- 1. Mai (Tag der Arbeit)
- 8. Mai (Waffenstillstand 1945)
- Christi Himmelfahrt
- Pfingsten (Sonntag und Montag)
- 14. Juli (Nationalfeiertag)
- 15. August (Maria Himmelfahrt)
- 1. November (Allerheiligen)
- 11. November (Waffenstillstand 1918)
- 25. Dezember (Weihnachten)

Geld

Dank des Euro entfällt das Geldwechseln. EC-Karten (Maestro) werden in Restaurants und Geschäften in der Regel nicht akzeptiert, Kreditkarten hingegen häufig. In den Chambres d'hôtes, den Wanderherbergen und den kleinen Hotels ist die Bezahlung meist nur mit Bargeld möglich. Daher empfiehlt es sich, ausreichend Bargeld bei sich zu haben, zumal nur in den größeren Orten Bankfilialen mit Geldautomaten zu finden sind. Die Banken sind gewöhnlich Mo bis Fr von 9:00 bis 12:00 und von 14:00 bis 16:30 geöffnet. Zusätzlich besteht in Postämtern die Möglichkeit, mithilfe einer Kreditkarte und gegen entsprechende Gebühr Bargeld abzuheben.

Gepäck- und Personentransport

Auf dem gesamten Stevensonweg besteht die Möglichkeit, das Gepäck von einer Unterkunft zur nächsten transportieren zu lassen. Dies hat den Vorteil, dass Sie die Wanderetappen nur mit leichtem Tagesrucksack laufen können. Ein weiterer Vorteil besteht darin, dass Sie mehr Wechselkleidung einpacken können, als Sie im Rucksack tragen würden.

Die Gepäckträger warten schon sehnsüchtig (sg)

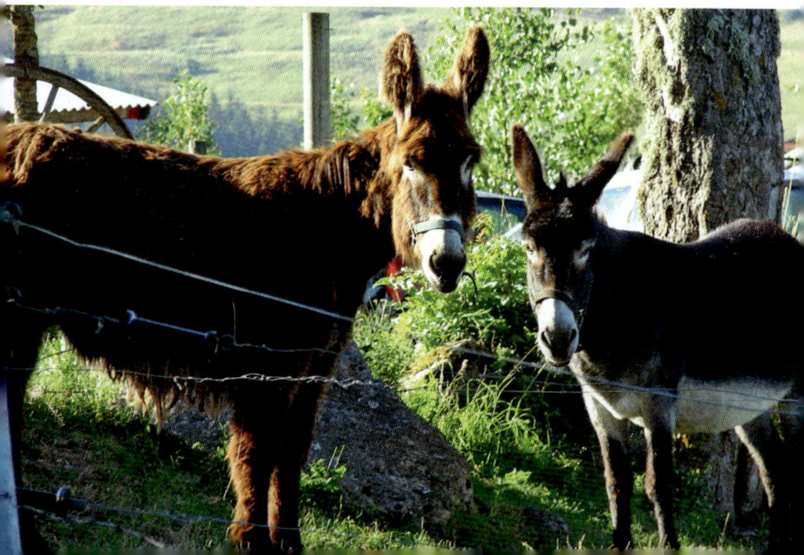

- **Transbagages**, Hameau de Chantéruéjols, 48000 Mende, ☎ 04 66 65 27 75, 06 80 06 32 19, info@transbagages.com, www.transbagages.com, Pendelbusse zwischen Saint-Jean-du-Gard und Le Puy-en-Velay, Ende April bis Mitte Sep (nur nach vorheriger Reservierung), € 42 p. P.
- **Les Voyages Boulet**, 1 Route du Chapitre, 48000 Mende, ☎ 04 66 65 19 88, transport.stevenson@gmail.com, www.stevenson-transport.fr, Gepäck- und Personentransport, Pendelbusse zwischen Saint-Jean-du-Gard und Le Puy-en-Velay, 1. Juli bis 31. Aug, außer an Sonn- und Feiertagen (nur nach vorheriger Reservierung), € 60 p. P.
- **La Malle Postale**, 17 Avenue Charles Dupuy, 43000 Le Puy-en-Velay, ☎ 04 71 04 21 79, contact@lamallepostale.com, www.lamallepostale.com, Gepäck- und Personentransport, Pendelbusse zwischen Saint-Jean-du-Gard und Le Puy-en-Velay, Mitte April bis Mitte Okt (nur nach vorheriger Reservierung), € 58 p. P.

☺ Eine wunderbare und erlebnisreiche Alternative: Laufen Sie in Begleitung eines Esels, der bis zu 40 kg Gepäck trägt (☞ Esel und Eselverleih).

GPS

Die GPS-Tracks zu den beschriebenen Wegen können Sie auf der Internetseite des Verlags (www.conrad-stein-verlag.de) herunterladen. Suchen Sie dort nach diesem Titel und gehen Sie zum Punkt „GPS-Tracks". Der abgebildete QR-Code bringt Sie direkt dorthin.

GPS – Grundlagen • Tourenplanung • Navigation von Michael Hennemann, Conrad Stein Verlag, Outdoor-Handbuch, Basiswissen für draußen, Band 375, ISBN 978-3-86686-769-7, € 12,90

Information

Französische Fremdenverkehrsämter

(D) **Atout France**, Postfach 100128, 60001 Frankfurt/Main, ☎ 069/74 55 56, info.de@atour-france.fr, de.france.fr

(A) **Atout France**, 1010 Wien, ☎ 01/503 28 92, info.at@france.fr, at.france.fr

(CH) **Atout France**, info.ch@atout-france.fr, ch.france.fr

Regionale Fremdenverkehrsämter

In den Fremdenverkehrsämtern, den „Offices de tourisme" oder „Syndicats d'initiative", auch unter der Abkürzung OTSI zu finden, bekommen Sie ausführliche Informationen zu Sehenswürdigkeiten und weiteren Unterkünften. Darüber hinaus halten die meisten OTSI auch Wetterberichte sowie Bus- und Bahnverbindungen bereit. Bei den jeweiligen Orten finden Sie die Adressen.

Klima und Reisezeit

Die schönste Reisezeit für eine Wanderung auf dem Stevensonweg sind die Monate Mai bis Anfang Oktober. Ende Mai, zur Zeit der Ginsterblüte, verwandeln sich ganze Bergrücken in ein leuchtendes Gelb und in den tieferen Lagen sind die Wiesen von Wildblumen und Orchideen überdeckt. Die vielen Misch- und Edelkastanienwälder im südlichen Abschnitt des Stevensonweges bieten Schatten und etwas Abkühlung in den heißen Sommermonaten Juli und August, wenn das Thermometer nicht selten auf Temperaturen von über 35° C klettert.

Im nördlichen Abschnitt verläuft der Weg über lange Strecken baumlos und somit ohne jeglichen Schutz vor Wind, Wetter und Sonne, sodass hitzeempfindliche Wanderinnen und Wanderer den Juli und August meiden sollten. Ich war u. a. Ende September auf dem Stevensonweg unterwegs und von den Herbstbildern begeistert: Die Berglandschaften sind herbstlich gefärbt, die Misch- und Kastanienwälder bunt und farbintensiv und von der tief stehenden Sonne in ein wunderbares, warmes Licht getaucht. Auf der Hochebene des Mont Lozère wehten heftige Winde und die Temperaturen lagen bei 0° C. Dies stand eindrucksvoll im Einklang mit der rauen Landschaft.

Während die Südausläufer der Cevennen im Einflussbereich des Mittelmeeres liegen und sich durch trocken-heiße Sommer und milde, niederschlagsarme Winter auszeichnen, herrschen im Norden der Cevennen extreme Wetterverhältnisse vor: Die Sommer sind auch hier trocken und heiß, doch der Spätherbst bringt starke und manchmal tagelang anhaltende Niederschläge, die in kalte Winter mit reichlich Schnee übergehen. Je nach Höhe kann dieser bis in den April hinein liegen bleiben. Im Frühjahr muss auf dem Mont Lozère noch bis Anfang Mai mit Niederschlägen und Kälteeinbrüchen gerechnet werden.

Wenn Sie in den Randzeiten unterwegs sind, sollten Sie vorher die jeweiligen Öffnungszeiten der Unterkünfte erfragen. Einige Unterkünfte sind von Anfang Oktober bis Anfang April geschlossen.

Die **Wetterdaten** des französischen Wetterdienstes im Internet:

- www.meteofrance.com
- www.lachainemeteo.com

Landkarten und Wegmarkierungen

Es empfiehlt sich auf jeden Fall die Mitnahme von ausführlichen Wanderkarten, auch wenn der Stevensonweg in das System der französischen Fernwanderwege als „Sentier de grande randonnée n°70" (GR 70) eingeordnet und größtenteils gut mit den entsprechenden Wegzeichen und zusätzlichen Wegweisern gekennzeichnet ist.

Als **Wegmarkierung** dient der GR-übliche rot-weiße Balken. Bei Richtungsänderungen ist dieser mit einem zusätzlichen weißen Balken nach links bzw. rechts versehen. Verkehrte Richtungen sind mit einem rot-weißen X ausgewiesen.

Links abbiegen (vk)

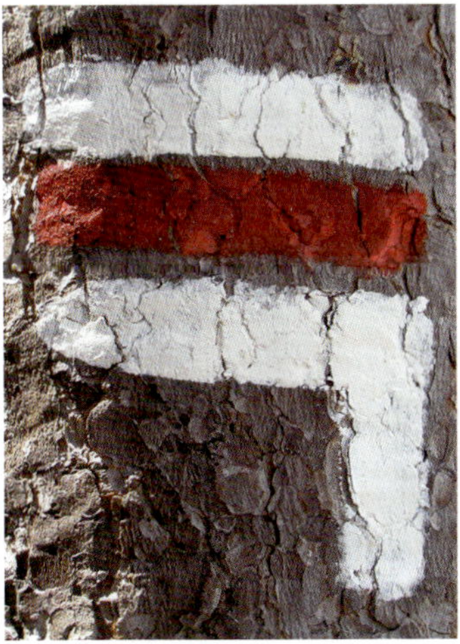

Rechts abbiegen (vk)

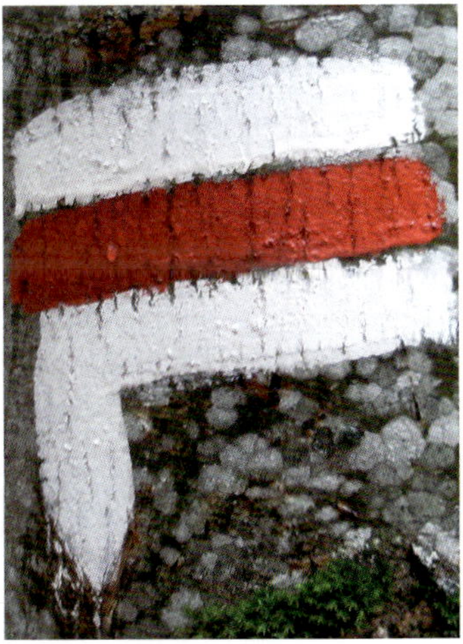

Ausgezeichnetes Kartenmaterial im Maßstab 1:25.000 liefert das französische Institut Géographique National (IGN) mit den Wanderkarten TOP 25 (série bleue). Um den gesamten Stevensonweg abzudecken, benötigt man:

- Nr. 2835 OT, Le Puy-en-Velay/Yssingeaux
- Nr. 2836 OT, Gerbier de Jonc/Mézenc/Vivarais

- Nr. 2736 SB, Solignac-sur-Loire/Cayres/Monistrol-d'Allier
- Nr. 2737 SB, Langogne/Grandrieu
- Nr. 2738 SB, Le Bleymard/Bastide-Puylaurent
- Nr. 2739 OT, Mont Lozère/Florac/PNR des Cévennes
- Nr. 2740 ET, Corniches des Cévennes/PNR des Cévennes

Oder im Maßstab 1:100.000:

- Touristische Wanderkarte: Chemin de Stevenson

Eine übersichtliche Alternative zu den Karten bietet der französischsprachige Topo-Guide der Fédération Française de la Randonnée Pédestre (FFRandonnée) „Le chemin de Stevenson", Band 700. In diesem sind die erforderlichen Kartenausschnitte im Maßstab 1:50.000 abgedruckt und der Wegverlauf ist deutlich eingezeichnet.

Dieser Topo-Guide kann über 💻 www.ffrandonnee.fr bestellt werden. Ebenso ist er in den Buchhandlungen oder der sehr gut sortierten FFRandonnée-Niederlassung „La croisée des chemins" in Le Puy-en-Velay erhältlich.

- **FFRandonnée-Niederlassung Maison de la randonnée „La croisée des chemins"**, 21 Rue du Collège, 43000 Le Puy-en-Velay, ☎ 04 71 04 15 95, ✉ contact@rando-hauteloire.fr, 💻 www.rando-hauteloire.fr, viele Karten und Wanderbücher (nur auf Französisch!), 🚪 1. Mai bis 30 Sep Mo bis Sa 9:00 bis 12:00 und 14:00 bis 19:00, 1. Okt bis 30. April Mo bis Sa 9:00 bis 17:00

☺ Die französischsprachigen Topo-Guides können auch von gut sortierten Reisebuchhandlungen in Deutschland bestellt werden, z. B. **Geobuchhandlung Kiel,** Schülperbaum 9, 24103 Kiel, ☎ 04 31/942 49.

☺ Die Kartenempfehlungen wurden überprüft von der Geobuchhandlung Kiel.

Literatur

- 📖 Kalmbach, Gabriele: **Ardèche, Tarn, Cevennen**, DuMont direkt Reiseführer für den Aktivurlaub, mit Tipps und Faltkarte, Dumont Reise Verlag, 2022, ISBN 978-3-616-01107-3
- Latzke, Hans E.: **Auvergne, Tarn & Cevennen**, DuMont Reise-Taschenbuch mit umfassenden Infos zu Sehenswürdigkeiten, Rundgängen, Ausflügen und Entdeckungstouren, sowie einem journalistischen Portrait der Region, inklusive Karten, Dumont Reise Verlag, 2023, ISBN 978-3-616-02006-8

- Forst, Bettina: **Auvergne, Cevennen, Zentralmassiv**, komplettes Reisehandbuch für Reise, Freizeit und Kultur, Reise Know-How Verlag Rump, 2020, ISBN 978-3-831734054
- Battiston, Lino: **Mit Rucksack & Gitarre: Auf dem Chemin de R. L. Stevenson durch die Cevennen**, kurzweiliger Reisebericht, Books on Demand, 2015, ISBN: 978-3-732243433
- Friedmann, Susanne: Ein Dorf in den Cevennen, das Buch erzählt voller Leichtigkeit vom Alltag in dem kleinen Dorf l'Estechure in den Cevennen, kleine Besonderheit: die eingestreuten Rezepte für kulinarische Genüsse der Region, Droemer Knaur Verlag, 1996, ISBN 978-3-426604434
- Schwind, Karin: **Vier Frauen auf zwölf Pfoten**, mit Freundin Anette und in Begleitung von zwei Eselsdamen wandert die Autorin auf dem Stevensonweg, amüsant-charmanter Reisebericht, sorriso Verlag, 2015, ISBN 978-3-946287568
- Stevenson, Robert L.: **Reise mit dem Esel durch die Cévennen**, Reisetagebuch von 1878, geschrieben vom schottischen Autor und Namensgeber des Stevensonweges, mit schönen Illustrationen und umfangreichen Anmerkungen, Editions La Colombe, 2017, ISBN 978-3-929351477

Medizinische Versorgung

Erkundigen Sie sich vor Antritt der Reise bei Ihrer Krankenkasse, wie diese den Versicherungsschutz im Ausland handhabt. Für Urlauberinnen und Urlauber aus den Mitgliedstaaten der Europäischen Union gibt es in der Regel die Europäische Krankenversicherungskarte (EKVK oder EHIC). Während eines vorübergehenden Urlaubaufenthaltes in Frankreich deckt die EKVK bei Krankheit oder Unfall alle erforderlichen medizinischen Leistungen ab. Häufig werden hierfür jedoch vor Ort Gebühren berechnet. Eine Erstattung dieser Kosten erfolgt entweder sofort durch die örtliche französische Krankenkasse, die „Caisse Primaire d'Assurance Maladie", oder nach Ihrer Rückkehr durch Ihre Krankenkasse.

Eine zusätzliche Auslandskrankenschutzversicherung ist jedoch besonders für den Fall eines Krankenrücktransportes empfehlenswert.

In diesem Buch sind die Orte, in denen sich eine Arztpraxis oder ein Krankenhaus befindet, mit dem Symbol ⊞ gekennzeichnet, Apotheken mit 𝔄.

Notruf

Europäische Notrufnummer: 112
Notarzt (*SAMU*): 15

Polizei (*police*): 17
Feuerwehr (*pompiers*): 18
SOS-Ärztinnen und -Ärzte im Lozère (*SOS Médecins en Lozère*): 08 10 60 46 08

Post und Telefon

▷ **Postämter** sind häufig mit dem Kürzel P.T.T. für „Poste, Télégraphes, Téléphones" gekennzeichnet. Sie sind in fast jedem Städtchen zu finden und meist 🚪 9:00 bis 12:00 und 14:00 bis 17:00, Sa nur 9:00 bis 12:00 geöffnet.

▷ **Briefmarken** gibt es nicht nur bei der Post zu kaufen, sondern auch in Tabakläden oder Souvenirshops, in denen es Postkarten zu kaufen gibt.

▷ In Frankreich sind alle Telefonnummern zehnstellig. Rufnummern, die mit 06 beginnen, sind Mobiltelefonnummern. Innerhalb Frankreichs muss auch bei Ortsgesprächen immer die vollständige zehnstellige Nummer gewählt werden.

▷ **Vorwahl**:
von Ⓓ, Ⓐ und (CH) nach Frankreich: 0033
von Frankreich nach Ⓓ: 0049
von Frankreich nach Ⓐ: 0043
von Frankreich in die (CH): 0041
Nach der Landesvorwahl entfällt die 0 der gewünschten Ortsvorwahl, danach folgt die Teilnehmernummer.

☺ Es gibt wenige, kurze Abschnitte auf dem Stevensonweg, die von keinem Mobiltelefonprovider versorgt werden, sodass Ihr Handy stellenweise keinen Empfang hat.

Sprache

Der Stevensonweg führt größtenteils durch touristisch wenig erschlossene und ursprüngliche Regionen, in denen vorwiegend Französisch gesprochen wird. Auch in den Touristeninformationen wird nicht immer Englisch gesprochen. Daher sollten Sie zumindest einige grundlegende Redewendungen sowie ein paar höfliche Ausdrücke auf Französisch beherrschen. Der gute Wille (und nicht die perfekte Aussprache!) zählt und Sie zeigen den Menschen vor Ort, dass Sie deren Kultur respektieren und wertschätzen. Einen nach unterschiedlichen Themenbereichen geordneten kleinen Sprachführer finden Sie am Ende des Buches (☞ Kleiner Sprachführer).

Unterkunft

Es gibt eine große Anzahl an unterschiedlichen Unterkunftsmöglichkeiten für Wandernde in Form von Chambres d'hôtes, Gîtes d'étape, Hotels und Campingplätzen.

Eine jährlich aktualisierte Liste mit Unterkünften entlang des Stevensonweges ist über den Verein „Sur le chemin de R.L. Stevenson" (☞ Einleitung, Der Verein „Sur le chemin de R.L. Stevenson") erhältlich.

Bei sämtlichen Unterkünften empfiehlt sich eine Reservierung. An einigen Etappenzielen gibt es lediglich zwei oder drei Übernachtungsmöglichkeiten mit geringen Bettenkapazitäten, die schnell belegt sind. Sollten Sie in den Sommermonaten Juli oder August unterwegs sein, so empfehle ich Ihnen, bereits drei oder sogar vier Monate im Voraus zu buchen. Zum einen haben die wanderfreudigen Französinnen und Franzosen Ferien, zum anderen sind dann vermehrt Gruppen unterwegs, sodass Unterkünfte schnell belegt sein können.

Wenn Sie Ihre Tour in Begleitung eines Esels planen, so achten Sie bei der Auswahl der Unterkünfte auf das Esel-Symbol. Die damit gekennzeichneten Unterkünfte sind auf Esel eingestellt und bieten Futter (Heu, Wasser, Körner, Kraftfutter oder Hafer) und eine Weide für die Nacht. Der Preis pro Esel und Nacht liegt zwischen € 2,50 und € 8 (☞ Esel und Eselverleih). Der Esel sollte bei der Reservierung unbedingt mit angemeldet werden.

Camping

Nahezu an jedem Etappenziel befindet sich ein Campingplatz. Der Spezialtarif für Wanderinnen und Wanderer, „Forfait randonneur" genannt, liegt für zwei Personen mit Zelt zwischen € 10 und € 26. Während der Hauptsaison sollte in den touristischen Orten Florac, Langogne, Le Pont-de-Montvert und Saint-Jean-du-Gard auf jeden Fall vorab ein Stellplatz reserviert werden. Einige Campingplätze befinden sich abseits des Stevensonweges. Achten Sie auf den Vermerk bei den jeweiligen Etappenbeschreibungen.

Außerhalb von Campingplätzen ist Zelten verboten.

Chambres d'hôtes

Die Chambres d'hôtes sind Gästezimmer, die immer mit Frühstück angeboten werden und deren Standard von einfach bis gehoben reicht. Viele Chambres d'hôtes bieten auch ein *table d'hôtes*, ein Abendessen, an. Dieses besteht in der Regel aus drei oder vier Gängen, die zumeist liebevoll mit regionalen Produkten zubereitet sind, dazu werden Wein und Wasser serviert, die in der Regel im Preis enthalten sind.

Das *table d'hôtes* ist eine gute Gelegenheit, die regionale Küche mit ihren Spezialitäten kennenzulernen und mit den Gastgeberinnen und Gastgebern ins Gespräch zu kommen. Das Frühstück kann typisch französisch, also relativ spartanisch ausfallen. Es gibt aber auch zahlreiche Chambres d'hôtes, die ein reichhaltiges Frühstück, bestehend aus Baguette, Croissant, Müsli, selbst gemachter Konfitüre und Joghurt anbieten.

Der Preis für eine Übernachtung mit Frühstück liegt für zwei Personen zwischen € 45 und € 99, die Halbpension (bestehend aus Abendessen, Übernachtung und Frühstück) kostet pro Person zwischen € 43 und € 85. Bei vielen Chambres d'hôtes handelt es sich um sehr schöne und urtümliche Häuser oder Höfe mit individuell eingerichteten Zimmern. Einige bieten regelrecht eine Reise in die Vergangenheit.

☺ Viele Chambres d'hôtes werden auch von Nichtwanderinnen und Nichtwanderern für einen mehrtägigen Aufenthalt genutzt. Eine frühzeitige Reservierung ist daher ratsam.

Gîtes d'étape

Bei der Gîte d'étape handelt es sich um eine Wanderherberge mit zumeist einfach ausgestatteten Mehrbettzimmern oder kleinen Schlafsälen, ähnlich einer Jugendherberge. Die Betten, häufig auch Etagenbetten, sind mit Kissen und Decken ausgestattet, ein Schlafsack ist mitzubringen. In der Gîte d'étape steht in der Regel eine kleine Küche (auf Französisch *coin cuisine*) zur Verfügung. Diese ist mit Töpfen, Geschirr, Besteck und eventuell einfachen Kochmitteln wie Öl, Salz usw. ausgestattet. Der Übernachtungspreis pro Person beläuft sich zwischen € 13,50 und € 32.

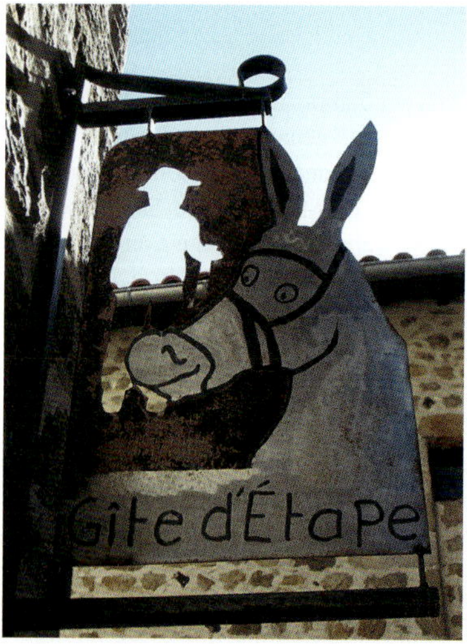

Der Gîte d'Étape in Pradelles (vk)

In privaten Gîtes, den Gîtes d'étape privé, werden häufig *table d'hôtes* (Abendessen) für € 13 bis € 27 und *petit déjeuner* (Frühstück) für € 7 bis € 12 angeboten. In den von Gemeinden oder Städten betriebenen Gîtes, den sogenannten Gîtes d'étape communal, entfällt dieses Angebot.

Hotels

Entlang des Stevensonweges befinden sich zahlreiche Hotels unterschiedlichen Standards und unterschiedlicher Größe. Die Kapazität variiert von 10 bis 90 Betten, doch handelt es sich in der Mehrzahl um kleine Familienbetriebe, die im Schnitt über etwa 30 Betten verfügen. Der Preis für ein Doppelzimmer beträgt je nach Standard zwischen € 42 und € 89 und versteht sich üblicherweise ohne Frühstück. Letzteres kostet zwischen € 7 und € 12.

Die meisten Hotels sind auf die Bedürfnisse von Wanderinnen und Wanderern eingestellt und bieten auch für nur eine Übernachtung eine Halbpension an, die *demi-pension,* die aus Abendessen, Übernachtung und Frühstück besteht. Hierfür beträgt der Preis pro Person etwa € 42 bis € 85 zuzüglich Getränke.

Updates

Der Conrad Stein Verlag veröffentlicht Updates zu diesem Buch, die direkt von der Autorin oder von den Leserinnen und Lesern dieses Buches stammen. Sie finden diese auf der Verlagshomepage 💻 www.conrad-stein-verlag.de, wenn Sie dort nach diesen Titel suchen und zum Punkt „Updates“ gehen. Der abgebildete QR-Code führt Sie direkt dorthin

Verkehrsmittel am Weg

Viele der Ortschaften auf dem Weg sind über Busse oder Züge verbunden und können so zum Überspringen von Etappen oder zum Abkürzen genutzt werden. Bei den Wegbeschreibungen (☞ Etappen) sind die jeweiligen Verbindungen angegeben. Die größten Anbieter in der Region sind folgende:

- Hugon Tourisme, Buslinien durch die gesamte Region, ☏ 04 66 49 03 81, 💻 www.hugon-tourisme.com
- SNCF Connect, Bus- und Bahnverbindungen durch ganz Frankreich und nach Europa, vergleichbar mit der Internetseite der Deutschen Bahn, 💻 www.sncf-connect.com, ☏ 01 84 91 91 91
- Ales'y, Busverbindung zwischen Saint-Jean-du-Gard und Alès, 💻 www.alesy.fr, ☏ 04 66 52 31 31

Wandern mit Hund

Generell ist es möglich, den Stevensonweg in Begleitung eines Hundes zu laufen. Es gibt viele hundefreundliche Unterkünfte – diese sind mit dem Hunde-Symbol 🐕 gekennzeichnet. Ihren vierbeinigen Begleiter sollten Sie unbedingt bei der Reservierung mit anmelden.

Bitte informieren Sie sich vor Reiseantritt über die aktuellen Einreisevorschriften nach Frankreich.

Wandern mit Kindern

Der Stevensonweg ist kein Spaziergang, dennoch eignet er sich bestens für Familien mit wanderfreudigen Kindern ab etwa 10 Jahren. Mir sind mehrmals Familien mit Kindern begegnet, die jedoch auch meistens in Begleitung eines Esels waren.

Der graufellige Partner und Gepäckträger sorgt nicht nur für ein gemütliches, kinderfreundliches Lauftempo, sondern wird schnell zum Mittelpunkt der Familie. Insbesondere bei Kindern wird der Esel zu einem ruhigen und freundlichen Begleiter, der zum Wandern motiviert. Die Tagesetappen lassen sich mit einer Maximallänge von 16 km immer kindgerecht aufteilen. So bleibt auch Zeit zum Baden oder Spielen zwischendurch oder am Ende der Tagesetappe. Zudem ist der abwechslungsreiche Stevensonweg ausnahmslos gefahrenfrei zu laufen.

Die Kinder sollten gut vorbereitet sein: Mehrmalige Wochenendwanderungen mit Rucksack sollten sie gut gelaunt überstanden haben …

📖 **Wandern mit Kind** von Kerstin Micklitza, Conrad Stein Verlag, OutdoorHandbuch, Basiswissen für draußen, Band 15, ISBN 978-3-86686-015-5, € 7,90, Ratschläge zur Kinderausrüstung, Tiere und Pflanzen mit Kindern entdecken und zahlreiche Spielideen für draußen

Kinderfreundliche 10-Tages-Tour (133,3 km)

Tag	von	bis	km
1:	La Bastide-Puylaurent	Chasseradès	12,2
2:	Chasseradès	Les Alpiers/Les Bonnetès	15,0
3:	Les Alpiers/Les Bonnetès	Station du Mont Lozère	7,3
4:	Station du Mont Lozère	Le Pont-de-Montvert	14,9
5:	Le Pont-de-Montvert	Mijavols	14,6
6:	Mijavols	Florac (auf der Variante der 8. Etappe)	14,7
7:	Florac	Gare de Cassagnas	17,0

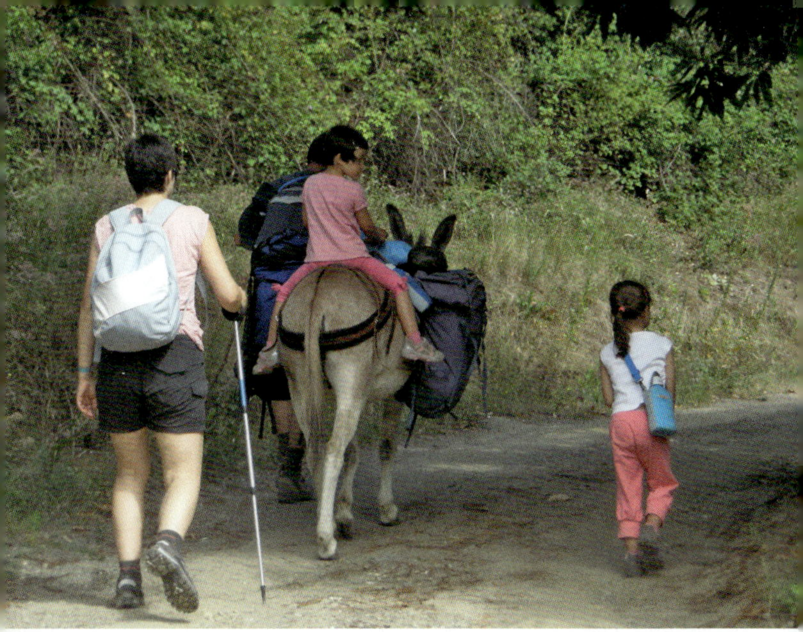

Unterwegs mit Kindern (vk)

8:	Gare de Cassagnas	Saint-Germain-de-Calberte	15,2
9:	Saint-Germain-de-Calberte	Saint-Étienne-Vallée-Française	9,1
10:	Saint-Étienne-Vallée-Française	Saint-Jean-du-Gard	13,4

Wasser

Trinken ist beim Wandern äußerst wichtig und besonders in den heißen Sommermonaten gilt: viel trinken. Bevor Sie am Morgen loslaufen, sollten Sie in Ihrer Unterkunft Ihre Wasserflasche(n) auffüllen (1 bis 2 Liter, je nach Jahreszeit und Tagesetappe). In manchen Orten gibt es Brunnen mit Trinkwasser, an denen Sie Ihren Wasservorrat wieder auffüllen können. Diese sind mit „eau potable" beschriftet. Solche Trinkwasserstellen sind in der Wegbeschreibung mit dem Symbol 💧 gekennzeichnet. Abgesehen davon können Sie im Notfall auch in Cafés, Restaurants oder selbst in Privathäusern nach Wasser fragen.

Die Etappen des Stevensonweges

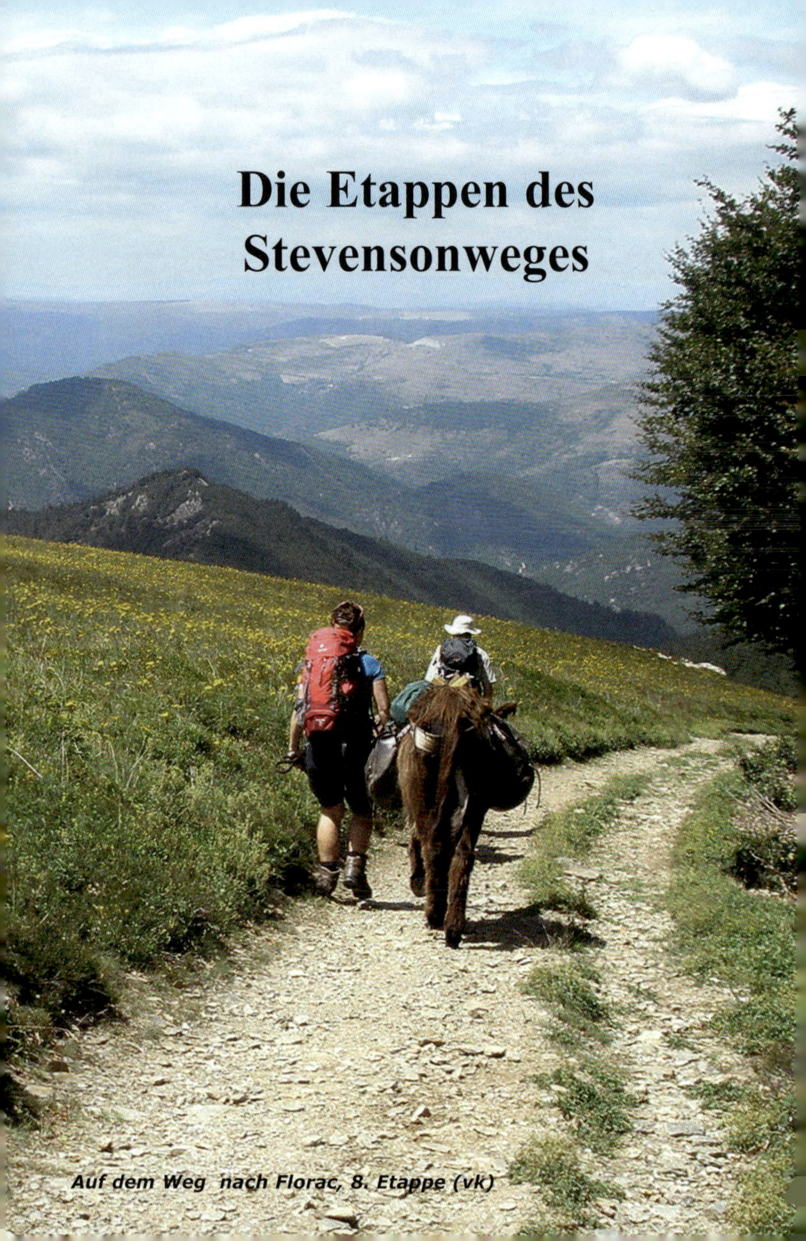

Auf dem Weg nach Florac, 8. Etappe (vk)

Le Puy-en-Velay

625 m, 19.000 Ew.

2 Place du Clauzel, 43000 Le Puy-en-Velay, 04 71 09 38 41, info@ot-lepuyenvelay.fr, www.lepuyenvelay-tourisme.fr, Juli/Aug Mo bis Sa 8:30 bis 19:00, So 9:30 bis 12:30 und 14:00 bis 18:00, ansonsten Mo bis Fr 8:30 bis 12:00 und 13:30 bis 18:15, Sa 9:00 bis 12:30 und 14:00 bis 17:30, So/Feiertag 10:00 bis 12:30 und 14:30 bis 17:00, Okt bis Ostern So/Feiertage geschlossen

Appart'Hôtel* des Capucins**, 29 Rue des Capucins, 43000 Le Puy-en-Velay, 04 71 04 28 74, contact@lescapucins.net, www.lescapucins.net, 550 m von Startpunkt entfernt, in der **Gîte d'étape**: 19 Plätze in Mehrbettzimmern, Küchenbenutzung, Übernachtung ab € 18,50, Frühstücksbuffet € 8,50, im **Hotel**: Übernachtung für 2 Personen im DZ ab € 89, Frühstücksbuffet € 8,50, Gîte und Hotel mit schöner Terrasse, bei Voranmeldung kann das Auto auf dem Hotelparkplatz abgestellt werden (€ 5 pro Tag, € 30 pro Woche, € 45 pro Monat), ganzjährig geöffnet

Hôtel Restaurant Le Bilboquet**, 52 Feaubourg Saint-Jean, 43000 Le Puy-en-Velay, 04 71 09 74 24, lebilboquet@club-internet.fr, www.hotel-bilboquet.fr, 550 m vom Startpunkt entfernt, 11 Zimmer, Übernachtung für 2 Personen im DZ ab € 82, Frühstück € 9, ganzjährig geöffnet

Chambres d'hôtes L'Epicurium, 5 Rue du Bessat, 43000 Le Puy-en-Velay, 06 37 20 98 12, contact@l-epicurium.com, www.l-epicurium.com, 50 m vom Startpunkt entfernt, 5 schöne, geschmackvolle kleine Zimmer in renoviertem Bed & Breakfast, zentral und ruhig in der Altstadt gelegen, Übernachtung mit Frühstück für 2 Personen im DZ ab € 75, sehr freundlicher Empfang, Ankuntt: 17:30 bis 19:00, ganzjährig geöffnet

♦ **Chambres d'hôtes Maison au Loup**, 10 Rue Prat du Loup, 43000 Le Puy-en-Velay, 07 82 02 82 77, maisonauloup@gmail.com, www.maison-au-loup.fr, 350 m vom Startpunkt entfernt, nahe der Kathedrale, 6 Zimmer, Übernachtung mit Frühstück für 2 Personen im DZ ab € 93,50, ehemaliges Kloster aus dem 16. Jh., ganzjährig geöffnet, Ankunft ab 15:00

♦ **Hôtel** Dyke**, 37 Boulevard Maréchal Fayolle, 43000 Le Puy-en-Velay, 04 71 09 05 30, dykehotel@gmail.com, www.dykehotel.fr, 230 m vom Startpunkt entfernt, zentrale Lage, 15 Zimmer, Übernachtung für 2 Personen im DZ ab € 69, Frühstück € 8, ganzjährig geöffnet

Gîte d'étape Accueil Saint François, 6 Rue Saint Mayol, 43000 Le Puy-en-Velay, 04 71 05 98 86, reserva@giteasf43.fr, www.accueilsaintfrancoislepuy.jimdo.com, 600 m vom Startpunkt entfernt, nahe der Kathedrale, 19 Plätze in 13 1- und 2-Bett-Zimmern, Küchenbenutzung, Übernachtung mit Frühstück € 26 (Frühstück wird selbst zubereitet, Zutaten werden gestellt),

Abendessen 19:00 (außer Do und So) und nur nach vorheriger Reservierung € 12, schöne Gîte mit Garten und Terrasse, ganzjährig geöffnet, Ankunft: 16:30 bis 20:00

Auberge de Jeunesse (Jugendherberge), Centre Pierre Cardinal, 9 Rue Jules Vallès, 43000 Le Puy-en-Velay, 04 71 05 52 40, auberge.jeunesse@mairie-le-puy-en-velay.fr, 260 m vom Startpunkt entfernt, in der Altstadt, 50 Plätze in 2-, 3-, 4- bis 6-Bett-Zimmern, Übernachtung € 14,70, Frühstück € 4,50, Küchenbenutzung, ganzjährig mit Ausnahme der Weihnachtsferien, Mo bis Fr 14:00 bis 22:30, Feiertage, Wochenende 18:00 bis 21:00, im Juli und Aug unbedingt reservieren

Camping du Puy-en-Velay***, Avenue de Bonneville, 43000 Aiguilhe, 04 71 09 55 09, camping.puyenvelay@aquadis-loisirs.com, www.aquadis-loisirs.com, nur fünf Autominuten vom Bahnhof entfernt, schöner Campingplatz, Stellplatz inkl. 2 Personen € 18,50, Wandernde mit Zelt € 9, Imbiss, Bar und Mini-Markt auf dem Gelände, 1. April bis Mitte Okt

In einem der zahlreichen Restaurants sollten Sie unbedingt die nahezu berühmten kleinen grünen Linsen, die *lentilles vertes* von Le Puy, probieren, sei es in Form von grünem Linsensalat, in Blätterteigtaschen, als Eintopf oder Ragout. Als regionale Spezialität gilt auch der Verveine du Velay, ein Eisenkrautlikör, der als Digestif getrunken wird.

sehr schöner und bunter Wochenmarkt mit Spezialitäten und regionalen Produkten rund um den Place du Plot, jeden Sa Vormittag

kleiner Trödelmarkt auf dem Place du Clauzel, ebenfalls Sa

Nach Le Monastier-sur-Gazeille, Linie H46, Mo bis Fr (1x), nach Landos, Pradelles und Langogne, Mo bis Fr (2 x), Fahrpläne weichen zu den Schulferien ab, Hugon Tourisme, 04 66 49 03 81, www.hugon-tourisme.com

nach Clermont-Ferrand, Lyon oder Paris, www.sncf-connect.com

auf dem **Parkplatz Betrand de Doue,** direkt am Bahnhof, „Tarifs randonneur", zuerst auf den Parkplatz fahren, mit dem Parkticket auf die andere Seite vom Bahnhof zum l'Espace Commercial Mobilité-en-Velay und dort den Wandertarif erfragen, 7 Tage € 10, 30 Tage € 20, l'Espace Commercial Mobilité-en-Velay, Av. Charles Dupuy, 43000 Le Puy-en-Velay, 04 71 02 60 11, https://mobilite.lepuyenvelay.fr, Mo bis Fr 9:00 bis 12:00, 13:30 bis 18:00

Das faszinierende Städtchen Le Puy-en-Velay liegt in einem weiten Talkessel vulkanischen Ursprungs und ist eingebettet in die liebliche grüne Hügellandschaft der südlichen Auvergne. Le Puy-en-Velay wird von zwei steil aufragenden Felsnadeln dominiert, dem Rocher Corneille mit der sich darauf befindenden, monumentalen Marienstatue Notre-Dame de France und der Aiguilhe, auf deren Spitze die bezaubernde Kapelle Saint Michel thront. Die wunderschöne, denkmalge-

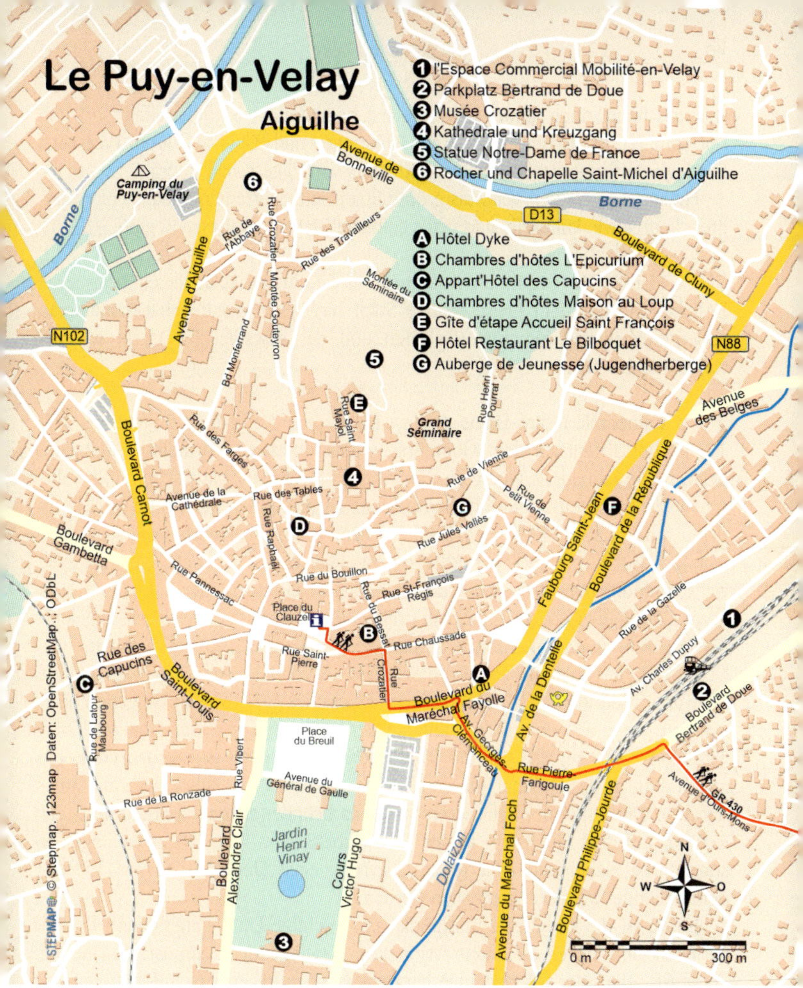

schützte Altstadt konnte ihren Charme über Jahrhunderte bewahren: herrschaftliche Häuser mit reizvollen Skulpturelementen, verwinkelte Gassen, enge, gepflasterte Sträßchen, kleine gemütliche Plätze und um die eindrucksvolle Kathedrale Notre-Dame ein Gewirr an Treppen und Durchgängen, die das intakte mittelalterliche Stadtbild beherrschen. Bis ins Mittelalter reicht auch das Handwerk des Spitzenklöppelns, für das Le Puy-en-Velay weit über die Region hinaus bekannt war und heute noch immer ist. Zunächst bedeutender Marienwallfahrtsort und seit dem 10. Jh. wichtige Station für Pilgerinnen und Pilger auf ihrem Weg nach Santiago de Compostela, war die Stadt stets von Pilgerschaft geprägt.

Heute ist Le Puy-en-Velay als größte Stadt im Departement Haute-Loire Kongressstadt sowie kulturelle und wirtschaftliche Metropole dieser Region.

☺ Planen Sie bei Ihrem Aufenthalt in Le Puy-en-Velay einen oder zwei Besichtigungstage ein. Diese schöne Stadt birgt eine kleine Schatzkammer an außergewöhnlichen Sehenswürdigkeiten und der samstägliche Markt ist eine wahre Augenweide.

✞ **Kathedrale Notre-Dame du Puy**: Die heutige Kathedrale stammt aus dem 12. Jh. und thront auf dem Mont Anis, wo sich einst eine druidische Kultstätte befand. Die Kathedrale wurde im romanischen Stil mit byzantinischen und arabischen Einflüssen erbaut und beeindruckt schon von außen durch ihre polychrom gemusterte Fassade. Besonders beeindruckend ist das Westportal, das sich oberhalb der Rue des Tables imposant erhebt. Hier hinauf gelangt man über eine weite, monumentale Treppe aus dem 19. Jh. Der Grundriss der Kathedrale ist in Form eines lateinischen Kreuzes mit drei Schiffen und einem Querschiff angelegt. Der 56 m hohe und im Grundriss quadratische Glockenturm steht separat.

Bereits zur Erbauungszeit war die Kathedrale von Pilgerschaft geprägt und die Schwarze Madonna das Ziel unzähliger Pilgernder. Der Wallfahrtslegende nach stammte diese aus dem Orient und wurde von Ludwig IX., der Frankreich von 1226 bis 1270 regierte, an die Stadt übergeben. Im 19. Jh. wurde eine Kopie angefertigt, da das Original während der Französischen Revolution verbrannt worden war. Die Kopie der Schwarzen Madonna befindet sich auch heute noch gut sichtbar auf dem Hochaltar. In der Seitenkapelle links vom Hochaltar liegt der sogenannte Fieberstein, „Pierre des Fièvres", einst Deckplatte eines Dolmen, dem heilende Kräfte zugesprochen werden.

Heute ist die Kathedrale Startpunkt bzw. wichtige Durchgangsstation für Pilgerinnen und Pilger auf ihrem Weg nach Santiago de Compostela. Die Via Podiensis, einer der vier bedeutenden französischen Pilgerwege in Richtung Santiago de Compostela, hat hier ihren Ausgangspunkt.

Die Kathedrale Notre-Dame du Puy und das angrenzende ehemalige Stadthospiz Hôtel-Dieu sind im Jahre 1998 als Weltkulturerbe in die Liste der UNESCO aufgenommen worden.

♦ 2 Rue de la Manécanterie, 43000 Le Puy-en-Velay, 💻 www.cathedraledupuy.org,
🚪 täglich 6:30 bis 19:00

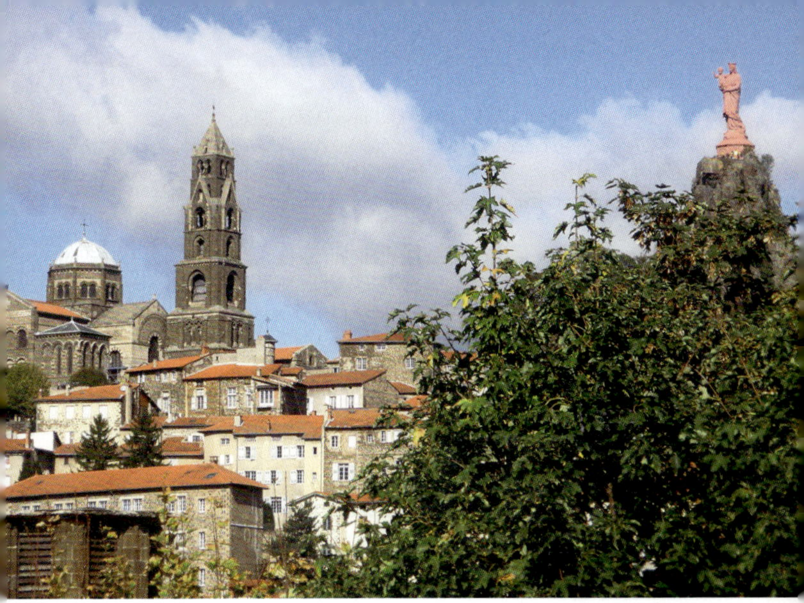

Blick zurück auf Kathedrale und Marienstatue (vk)

✞ ⌘ **Rocher und Chapelle Saint-Michel d'Aiguilhe**: Die Kapelle (10.-12. Jh.) beeindruckt mit unzähligen gut erhaltenen Fresken, verzierten Kapitellen, einer polychromen Außenfassade und einem stimmungsvollen architektonischen Gesamtbild. Unweit der Altstadt thront sie exponiert auf einer 80 m hohen Basaltspitze aus kegelförmig erstarrter Lava und ist nur über 268 Treppenstufen zu erreichen – der Aufstieg lohnt sich! Eine kleine Ausstellung am Kassenhäuschen erklärt die Entwicklung des Vulkangebietes.

♦ Rue du Rocher, 43000 Aiguilhe, ☏ 04 71 09 50 03, ✉ contact@rochersaintmichel.fr, 💻 www.rochersaintmichel.fr, 🚪 1. Juli bis 31. Aug 9:00 bis 19:30, 1. Mai bis 30. Juni und 1. Sep bis 30. Sep 9:00 bis 19:00, 30. März bis 30. April und 1. Okt bis 11. Nov 9:30 bis 19:00, 17. Feb bis 29. März 11:00 bis 17:00, Erwachsene € 7, Kinder/Studierende € 5

⌘ **Hôtel des Lumières**: Das an die Kathedrale angrenzende ehemalige Hôtel-Dieu wurde im 12. Jh. als Stadthospiz für Bedürftige, Kranke und Pilgernde gegründet. Seit 1998 zählt das Gebäude zum Weltkulturerbe der UNESCO. Seit 2016 befindet sich hier das Hôtel des Lumières, ein digitales Kunstzentrum mit drei verschiedenen Ausstellungen über Kunst und Geschichte der Stadt und der Region.

♦ 2 Rue de la Manécanterie, 43000 Le Puy-en-Velay (Zugang über die Treppen der Kathedrale), ✉ contact@hoteldeslumieres.com, 💻 www.hoteldeslumieres.com, 🚪 Mitte April bis Mitte Mai Di bis So, Mitte Mai bis Ende Juni Sa und So, Juli und Aug täglich, Zeitslots jeweils von 10:00 bis 17:30 buchbar, Eintritt € 9,50

⌘ **Centre d'enseignement de la Dentelle au fuseau**: Das Museum bietet Ausstellungsstücke sowie Informationen zur Geschichte und Technik des Spitzenklöppelns. Außerdem gibt es ein vielfältiges Angebot an Workshops, um selbst die Kunst des Spitzenklöppelns zu erlernen.

♦ 38-42 Rue Raphaël, 43000 Le Puy-en-Velay, ☏ 04 71 02 01 68, ✉ enseignement@ladentelledupuy.com, 💻 www.ladentelledupuy.com, 🚪 19. April bis 9. Nov Mo bis Fr 9:00 bis 17:00, Sa 9:30 bis 16:30, Juli bis Sep täglich 9:30 bis 18:00, Eintritt frei

⌘ **Kreuzgang „Cloître" der Kathedrale**: Der bezaubernde, denkmalgeschützte romanische Kreuzgang aus dem 11./12. Jh. besticht durch seine motivisch ausgefallenen Kapitelle und die Polychromie der Arkaden. Er gilt als einer der schönsten in Europa. Der französische Kunsthistoriker Emile Mâle fühlte sich bei seinem Anblick an die Moschee von Cordoba erinnert. Sehenswert sind auch die sich im Kapitelsaal befindenden „Kreuzigungsfresken" (13. Jh.) und eine Sammlung mit sakraler Kunst aus dem 13. bis 18. Jh., die im angrenzenden Versammlungssaal der Stände untergebracht ist.

♦ 2 Rue de la Manécanterie, 43000 Le Puy-en-Velay, ☏ 04 71 05 45 52, 💻 www.cathedrale-puy-en-velay.fr, 🚪 Mitte Mai bis Mitte Sep 9:30 bis 18:30, Mitte Sep bis Mitte Mai Di bis So 9:30 bis 12:15 und 14:00 bis 17:00, geschlossen: 1. Jan, 1. Mai, 1. und 11. Nov, 25. Dez, Erwachsene € 7, Kinder/Jugendliche bis 18 Jahre Eintritt frei

⌘ **Musée Crozatier**: Das großzügige, 1868 eröffnete Museum ist Heimat-, Kunst- und Geschichtsmuseum zugleich. Es bietet eine Bilder- und Skulpturensammlung sowie Exponate zur Geschichte des Velay und Informationen zu den Bereichen Klöppelhandwerk, Naturwissenschaften, Ethnologie und Mineralogie. Nach ausgiebigen Renovierungsarbeiten wurde das Museum 2018 wiedereröffnet und lädt nach dem Besuch auch zu einem Spaziergang im angrenzenden Jardin Henri Vinay ein.

♦ 2 Rue Antoine-Martin, 43000 Le Puy-en-Velay, ☏ 04 71 06 62 40, ✉ musee.crozatier@mairie-le-puy-en-velay.fr., 💻 www.musee.patrimoine.lepuyenvelay.fr, 🚪 Jan bis Mitte Feb/März bis Mitte April Mi/Sa/So 11:00 bis 18:00, Mitte Feb bis Anfang März täglich 11:00 bis 18:00, Mitte bis Ende April täglich 10:00 bis 12:30 und 14:00 bis 18:00, Ende April bis Ende Juni und Anfang Sep bis Ende Dez Mi bis Mo 10:00 bis 12:30 und 14:00 bis 18:00, Ende Juni bis Ende Aug täglich 10:00 bis 18:00, Erwachsene € 6, Kinder bis 18 Jahre frei, 18-25 Jahre € 4

⌘ **Rocher Corneille und die Statue Notre-Dame de France**: Die 1860 errichtete Metallstatue ist insgesamt 22,7 m hoch und 835 t schwer. Um diese zu gießen, wurden 213 erbeutete russische Kanonen eingeschmolzen. Die Statue Notre-Dame de France thront oberhalb der Kathedrale auf einem Vulkankegel, dem Rocher Corneille und bildet den höchsten Punkt von Le Puy-en-Velay. Von dort genießt man eine überwältigende Aussicht auf die gesamte Stadt.

♦ 10 Rue du Cloître, 43000 Le Puy-en-Velay, ☏ 04 71 04 11 33, rocher.corneille@lepuyenvelay.fr, www.lepuyenvelay-tourisme.fr, 1. Juli bis 31. Aug 9:00 bis 19:30, 1. Mai bis 30. Juni und 1. bis 30. Sep 9:00 bis 19:00, 1. Feb bis 15. März und 1. Okt bis 15. Nov 10:00 bis 17:00, 16. März bis 30. April 9:00 bis 18:00, ab Oktober 2024 finden bis voraussichtlich Frühjahr 2026 Bauarbeiten statt und es können keine Besuche stattfinden. Erwachsene € 4, Kinder/Studierende € 2

„Es lebe die Renaissance"

Einmal im Jahr herrscht in Le Puy-en-Velay der Ausnahmezustand: Mitte September verwandelt sich die gesamte Altstadt für mehrere Tage in eine große Freilichtbühne und taucht in die Epoche der Renaissance ein: Das Fest des Vogelkönigs, die „Fête du Roi de l'Oiseau", wird gefeiert. Sowohl die Einheimischen als auch viele der zahlreichen Besucherinnen und Besucher tragen historische Kostüme und verwandeln sich je nach Gusto in Bettelnde, Bardinnen und Barden, Edelmänner und -frauen, Ritter oder einfache Bürgerinnen und Bürger. Musizierende, Gauklerinnen und Gaukler sowie Schaustellende ziehen durch die engen Gassen und in den Restaurants werden Gerichte des 16. Jh. serviert. Im Jardin Henri Vinay findet ein großer Markt statt, bei dem die Handwerkstechniken der Renaissance demonstriert werden. Im Mittelpunkt des Festes steht ein Wettkampf, dessen Wurzeln zurück ins 15. Jh. reichen: Es gilt, die beste Bogenschützin oder den besten Bogenschützen von Le Puy-en-Velay zu ermitteln, die bzw. der dann zum „Roi de l'Oiseau" ernannt wird.

Das Altstadtviertel zwischen Kathedrale und Place du Breuil bietet mit seinen verwinkelten Gassen, den engen Sträßchen, den Torbögen und den herrschaftlichen Häusern der Epoche des 16. Jh. die passende Kulisse für dieses grandiose Kostümspektakel.

♦ Programm, Kostümverleih und genaue Termine unter www.roideloiseau.com

Voretappe: Le Puy-en-Velay – Le Monastier-sur-Gazeille

➲ 19,6 km, ⌛ 5 Std., ↑ 668 m, ↓ 373 m, ⇧ 624-990 m

0,0 km	⇧ 630 m	Le Puy-en-Velay ⌘
8,0 km	⇧ 631 m	Coubon WC
10,1 km	⇧ 809 m	L'Olme
16,0 km	⇧ 894 m	L'Herm
17,1 km	⇧ 984 m	Le Mont
19,6 km	⇧ 933 m	Le Monastier-sur-Gazeille ⌘

Auf der Voretappe zum Stevensonweg geht es von Le Puy-en-Velay erst einmal ohne Wegmarkierungen aus dem städtischen Gebiet immer mehr hinaus in die Natur. Auf den knapp 20 km laufen Sie nach Süden hinein in den Parc naturel régional des Monts d´Ardèche und schließlich zum historischen Startort Le Monastier-sur-Gazeille.

☺ Der offizielle Stevensonweg beginnt in Le Monastier-sur-Gazeille. Mit dem Bus der Linie H46 von Hugon Tourisme (verkehrt nur Mo bis Fr 1x und in den Schulferien nur Mi, unbedingt vorher informieren: 💻 www.hugon-tourisme.com) können Sie bequem von Le Puy-en-Velay dorthin gelangen.

☺ Eine sehr schöne und empfehlenswerte Alternative zu Fuß ist der gut markierte Wanderweg GR 430, „Chemin de Saint-Jean-François-Régis", der nach einem Missionar des 17. Jh. benannt ist. Teilweise tauchen GR-70-Markierungen und Hinweisschilder aber auch schon auf dem Weg nach Le Monastier-sur-Gazeille auf.

Als Ausgangspunkt dient das Tourismusbüro am Place du Clauzel. Hier gehen Sie wenige Meter hinab zum Place du Martouret (das Hôtel de Ville liegt zu Ihrer Rechten) und wenden sich links in die Rue Chaussade. Zweigen Sie die zweite Straße nach rechts in die Rue Crozatier und dann links in den Boulevard Maréchal Fayolle ab. Nach 100 m geht es rechts in die Avenue Georges Clémenceau. Überqueren Sie den Fluss Dolaizon – ab hier finden sich erste rot-weiße Markierungen.

Der Casino auf der linken Seite bietet gute Einkaufsmöglichkeiten.

Gehen Sie geradeaus durch die ansteigende Rue Pierre Farigoule zum Boulevard Philippe Jourde. Halten Sie sich links und steigen Sie rechts in die Avenue d'Ours Mons. Biegen Sie in die vierte Straße rechts ein: Rue Édouard Estaunié. In der ersten Rechtskurve laufen Sie links das asphaltierte Sträßchen zur Espace Municipal Bel Air ❶ hinauf.

Von hier an bieten sich Ihnen wunderbare Blicke zurück auf Le Puy-en-Velay. Deutlich zu erkennen sind die Kathedrale, die Statue Notre-Dame de France auf dem Rocher Corneille und die Kapelle Saint-Michel auf dem Rocher d'Aiguilhe.

Wenige Meter weiter erreichen Sie einen kleinen Wanderparkplatz, den sie links liegen lassen, und geradeaus folgen Sie weiter dem alten, von Mauern und Hecken gesäumten Steinweg. Kurz darauf halten sie sich an der kleinen Weggabelung links und erreichen die ersten Häuser von **Ours**. Auf der linken Seite befindet sich ein sehr schönes romanisches Steinkreuz aus dem 17. Jh. Sie folgen dem asphaltierten Weg, kreuzen etwas später die Straße und laufen dann rechts an einem Kreuz vorbei in den abwärtsführenden Chemin de Vallon. Auf der rechten Seite befindet sich das kleine Château d'Ours. Nach Passieren der Wasserstelle (kein Trinkwasser!) in einer Linkskurve gehen Sie weitere 150 m auf der Asphaltstraße und biegen rechts in eine steinige Erdpiste ab.

Nach etwa 200 m wenden Sie sich rechts in einen von Hecken und Mauern gesäumten Pfad, der sich verträumt die Wiesenhügel hinaufschlängelt. An der Abzweigung halten Sie sich rechts und folgen diesem Weg, bis Sie auf eine Straße gelangen. Nun gehen Sie linker Hand ca. 20 m auf der Straße weiter und folgen dann geradeaus einem breiten Erdweg ❷. In einer Linkskurve stoßen Sie auf einen schmalen, verwachsenen Pfad, den Sie geradeaus hinabgehen. An einer Wegkreuzung laufen Sie weiter geradeaus über eine weite Wiesen- und Ackerebene, die schöne Weitblicke bietet. Folgen Sie dem Verlauf des Hauptweges, der zu einem Asphaltsträßchen und bald wieder zu einem Erdweg wird, welchen sie bis zum Erreichen einer T-Kreuzung verfolgen. Hier folgen sie der schmalen Kiesstraße nach rechts leicht bergauf.

Unmittelbar nach Unterqueren der Strommasten biegen Sie links in einen abwärts führenden Weg, auf dem Sie durch Wald hinab nach Les Esclos kommen. Sie verlassen die Vorfahrtsstraße und laufen geradeaus, um bei gelben Wanderschildern wenige Meter auf dem Erdweg und dann entlang einer Mauer hinab zur Rue de la Chabanne zu gehen ❸. Dieser folgen Sie steil hinab und gelangen in die Siedlung **Les Mourgues**.

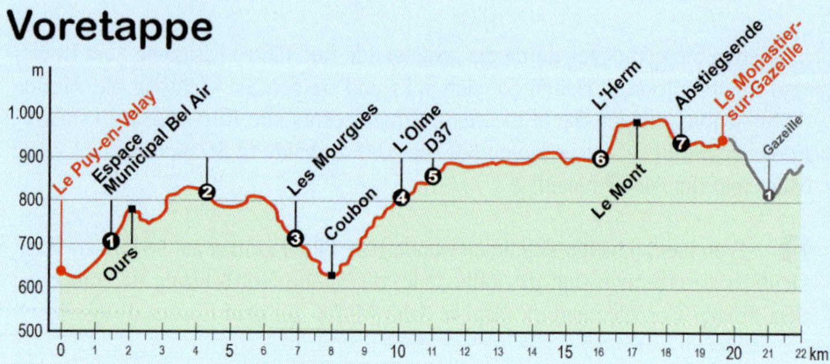

Von hier genießen Sie einen schönen Blick auf das exponiert liegende Château de Bouzols. An der nächsten Kreuzung finden sich wieder deutliche GR-Markierungen, hier biegen Sie rechts in die Montée de Mourgues und treffen auf die D37.

💧 Auf der gegenüberliegenden Straßenseite befindet sich eine Trinkwasserstelle.

Der D37 folgen Sie nach rechts, überqueren die Loire und erreichen das Dorf **Coubon** (km 8).

Coubon

WC BANK ⇧ 633 m, 3.000 Ew.

☺ **WC** schöne Picknickplätze und öffentliche Toiletten direkt nach Überqueren der Loire auf der rechten Seite nahe der Kirche

Der Wanderweg verlässt Coubon auf der D37 in Richtung Süden. Am Ortsausgang laufen Sie geradeaus in die aufwärtsführende Straße Route de l'Olme. Nach dem Steinkreuz biegen Sie an der Straßengabelung nach rechts ab. Stetig bergauf halten Sie sich an der nächsten Gabelung links und folgen dem Sträßchen, bis Sie die Häuser von **L'Olme** erreichen (km 10,1).

Hier trifft der GR 3 auf Ihren Wanderweg.

Ihre Route zweigt links ab und folgt der deutlichen Beschilderung „Stevenson" ❹. Auf aussichtsreichem Weg gelangen Sie auf eine Straße und stoßen auf die

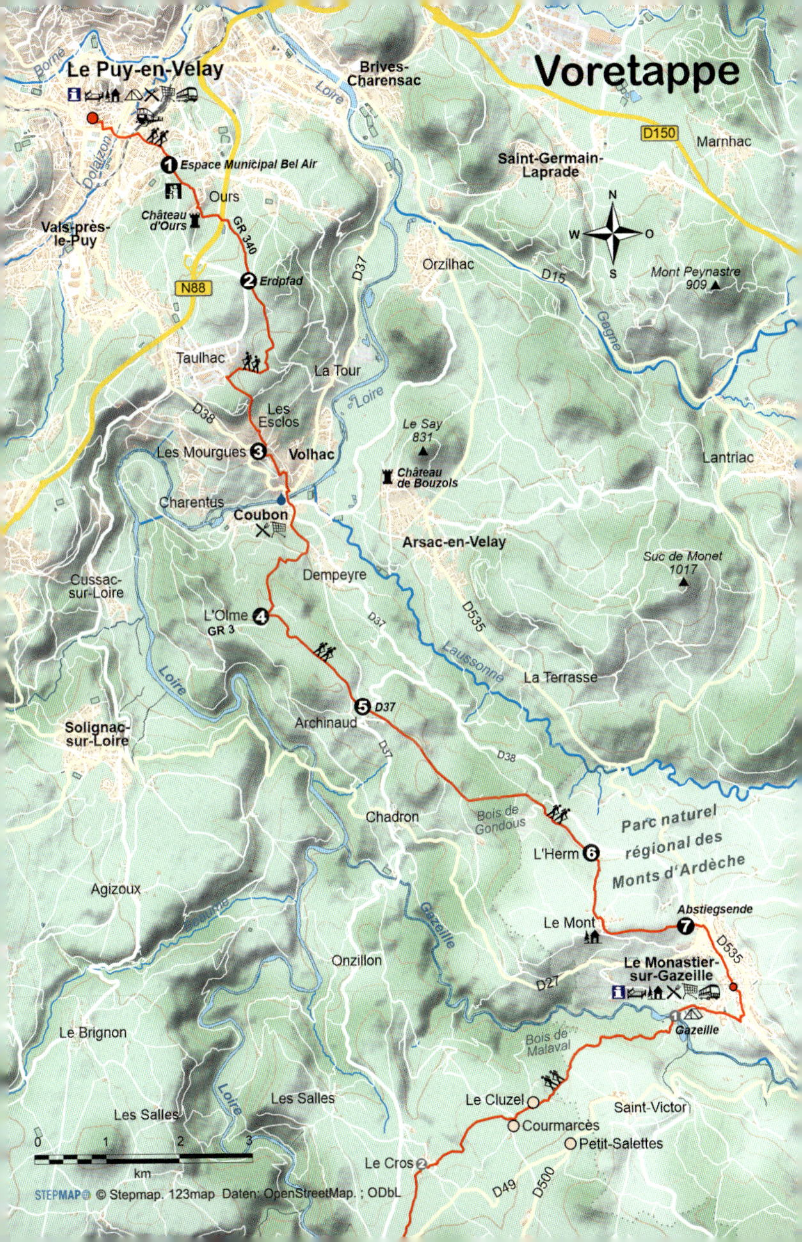
Voretappe
Le Puy-en-Velay
Borne
Dolaizon
Brives-Charensac
Loire
D150
Marnhac
Saint-Germain-Laprade
1 Espace Municipal Bel Air
Ours
Château d'Ours
Vals-près-le-Puy
GR 340
N
W
O
S
N88
2 Erdpfad
D37
Orzilhac
D15
Mont Peynastre 909
Gagne
Taulhac
La Tour
Loire
D38
Les Esclos
Le Say 831
Les Mourgues 3
Volhac
Château de Bouzols
Lantriac
Charentus
Coubon
Arsac-en-Velay
Suc de Monet 1017
Dempeyre
Cussac-sur-Loire
L'Olme 4
GR 3
D37
D535
Laussonne
La Terrasse
Loire
5 D37
Archinaud
Solignac-sur-Loire
D37
D38
Chadron
Bois de Gondous
Parc naturel régional des Monts d'Ardèche
L'Herm 6
Agizoux
Abstiegsende
Le Mont
7
D535
Gazeille
Onzillon
Le Monastier-sur-Gazeille
D27
Gazeille
Le Brignon
Bois de Malaval
Loire
Les Salles
Les Salles
Le Cluzel
Saint-Victor
Courmarcès
Petit-Salettes
0
1
2
3
km
Le Cros 2
D49
D500
STEPMAP © Stepmap. 123map Daten: OpenStreetMap. ; ODbL

D37 ❺. Diese überqueren Sie und folgen dem Sträßchen mit der Beschilderung „Bois Royer“ geradeaus. Sie durchqueren, immer auf dem Hauptweg bleibend, den Wald von Gondous und treffen später auf eine breite, asphaltierte Piste, die nach rechts hin durch ein Tor gesperrt ist. Hier gehen Sie geradeaus auf dem engen Waldpfad weiter und gelangen bald in leichtem Auf und Ab in das kleine Dörfchen **L'Herm ❻**.

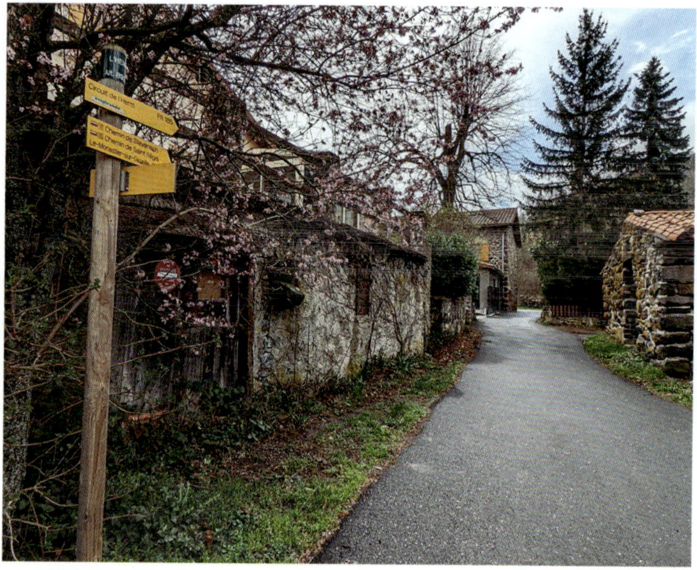

Der Frühling zieht in L'Herm ein (aw)

Am Brunnen folgen Sie den gelben Wegweisern nach rechts und steigen den sich zwischen Mauern schlängelnden Pfad hinauf. Deutliche rot-weiße Markierungen leiten Sie zu einer Schotterpiste, die Sie nach links weiterlaufen. Bei den ersten Häusern von **Le Mont** laufen Sie links das Sträßchen hinauf und durch den schönen Weiler.

Gîte de Montcalm, Le Mont, 43150 Le Monastier-sur-Gazeille, Myriam und René Massol, 06 81 10 56 90, r.massol@free.fr, www.montcalm.jimdo.com, unmittelbar am Weg, nette einfache Unterkunft mit Kochgelegenheit und tollem Garten, 2 5-Bett-Zimmer, gute regionale Küche, Übernachtung mit Frühstück € 24, Halb-

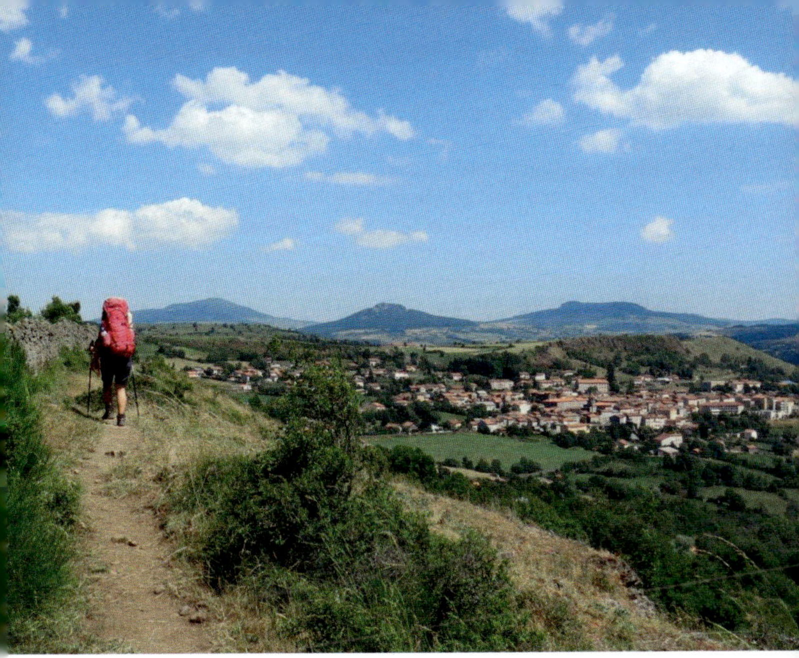

Auf schönem Balkonweg kurz vor Le Monastier-sur-Gazeille (vk)

pension € 38, Abendessen € 14, Lunchpaket € 8, 🐕, Reservierung nur per Telefon oder E-Mail, 🚪 Mitte April bis Mitte Okt

Geradeaus auf der Schotterpiste weiterlaufend, passieren Sie bald ein kleines Steinkreuz und folgen dem Weg rechts entlang der Mauer mit wunderschönem Blick auf Le Monastier-sur-Gazeille. Nach einem letzten Abstieg ❼ erreichen Sie die Hauptstraße, auf der Sie nach rechts in die Dorfmitte gelangen und an der Rue Saint Pierre auf die Steinbüste von Robert Louis Stevenson treffen.

Le Monastier-sur-Gazeille

⇧ 933 m, 1.700 Ew.

ℹ Place du Vallat, 43150 Le Monastier-sur-Gazeille, ☎ 04 71 08 37 76, ✉ mairie-du-monastier-sur-gazeille@orange.fr, 💻 www.lemonastiersurgazeille.fr, 🚪 Mai/Juni/Sep Di bis Sa, Juli/Aug täglich 9:30 bis 12:30 und 14:30 bis 17:30

🛏 **Chambres d'hôtes Blaisine et Philomène**, 50 Rue Saint Pierre, 43150 Le Monastier-sur-Gazeille, Elisabeth Chalindar, ☎ 04 71 03 80 26, elisabeth.chalindar@wanadoo.fr, www.myhauteloire.fr, direkt am Weg, 3 Zimmer, Übernachtung mit Frühstück für 2 Personen im DZ € 65, April bis Okt

Hôtel* Restaurant Chèvre & Chou**, 1 Rond-point des Acacias, 43150 Le Monastier-sur-Gazeille, Cindy Chaussende, 04 71 08 38 11, chevreetchou.hotel@gmail.com, www.chevreetchou.com, 400 m vom Weg entfernt, schönes, kleines Hotel mit sehr feiner regionaler Küche, 4 Zimmer, Übernachtung für 2 Personen im DZ ab € 68, Frühstück € 9, Abendessen ab € 16, Halbpension € 62, Lunchpaket € 9, Mitte Feb bis Mitte Dez

Gîte d'étape et table d'hôtes L'île au trésor, 7 Place du Couvent, 43150 Le Monastier-sur-Gazeille, 06 11 56 15 69, gite.ileautresor@gmail.com, www.gite-tresor.fr, direkt am Weg, 13 Plätze, Übernachtung mit Halbpension ab € 42, 5. April bis 10. Okt

Gîte d'étape et table d'hôtes Emmanuel Falgon, 32 Rue Langlade, 43150 Le Monastier-sur-Gazeille, Emmanuel Falgon, 04 71 03 84 74, 06 04 40 28 98, gite.monastier@hotmail.fr, http://gitemonastier.chez-alice.fr, direkt am Weg, 8 Plätze, Küchenbenutzung, Übernachtung € 17,50, Frühstück € 7,50, Abendessen € 18, Halbpension € 43, einfache Wanderherberge, 1. April bis 30. Sep

Camping, Gîte d'étape et table d'hôtes l'Estela***, Route du Moulin de Savin, 43150 Le Monastier-sur-Gazeille, Marie-Hélène Roux und Pierre Tinel, 04 71 03 82 24, 06 87 48 60 28, estelacamping@gmail.com, www.campingestela.fr, am GR 70 gelegen, 800 m vom Ortszentrum entfernt (falls nötig: erst einkaufen, dann zum Campingplatz laufen!), dem Stevensonweg in Richtung Goudet folgen, sehr schöner, am Fluss gelegener Campingplatz mit einigen netten Holzchalets, 48 Stellplätze, Zelt und 1 Person € 17,50, Übernachtung im Tipi-Zelt € 30, im Holzchalet je nach Größe ab € 34, Frühstück € 8, Halbpension je nach Unterkunft ab € 41,50, 1. April bis 30. Sep

nach Le Puy-en-Velay (Linie H46), Mo bis Fr (1x), in den Ferien nur Mi, Hugon Tourisme, 04 66 49 03 81, www.hugon-tourisme.com

Église abbatial: Sehenswerte romanische Abteikirche links oberhalb der Rue Langlade. Die polychrome Fassade (11. bis 16. Jh.) besticht durch ihre Steinornamente. Die Orgel stammt von 1518, ist vollständig restauriert und zählt zu den ältesten Orgeln Europas (in der Touristeninformation erfragen).

Église Saint-Jean: Im Zuge von Restaurierungsarbeiten wurden vor einigen Jahren Fresken aus dem 16. Jh. gefunden. Die Kirche dient heute als Ausstellungsraum bzw. als Konzertsaal (in der Touristeninformation erfragen).

⌘ ♜ **Musée des croyances populaires im Château**: kleines, privat geführtes Museum über den Volksglauben, eingerichtet im Erdgeschoss der Burg. Die Burg stammt aus dem 16. Jh. (Wiederaufbau), der Gewölbekeller mit romanischen und gotischen Reliefs von 1361.

♦ Château Abbatial, 3 Rue du Prieur, 43150 Le Monastier-sur-Gazeille, ☏ 04 71 03 94 08, 💻 www.museedescroyancespopulaires.com, 🚪 1. Mai bis 30. Sep Di bis So 14:30 bis 19:00, Erwachsene € 5, Kinder/Jugendliche € 4

⌘ **Espace Museal Le Trésor du Monastier**: Der Museumsraum beherbergt drei unterschiedliche Abteilungen: eine ethnologische zur Region Mézenc-Gerbier, eine das klösterliche Leben darstellende und eine sakrale mit Schätzen aus der Abteikirche.

♦ 1 Rue Vital Erailh, 43150 Le Monastier-sur-Gazeille, ☏ 04 71 08 37 76, ✉ letresordumonastier@orange.fr, 💻 www.lemonastiersurgazeille.fr, 🚪 Mai bis Sep täglich 9:30 bis 12:30 und 14:30 bis 17:30, Erwachsene € 3, Jugendliche € 2

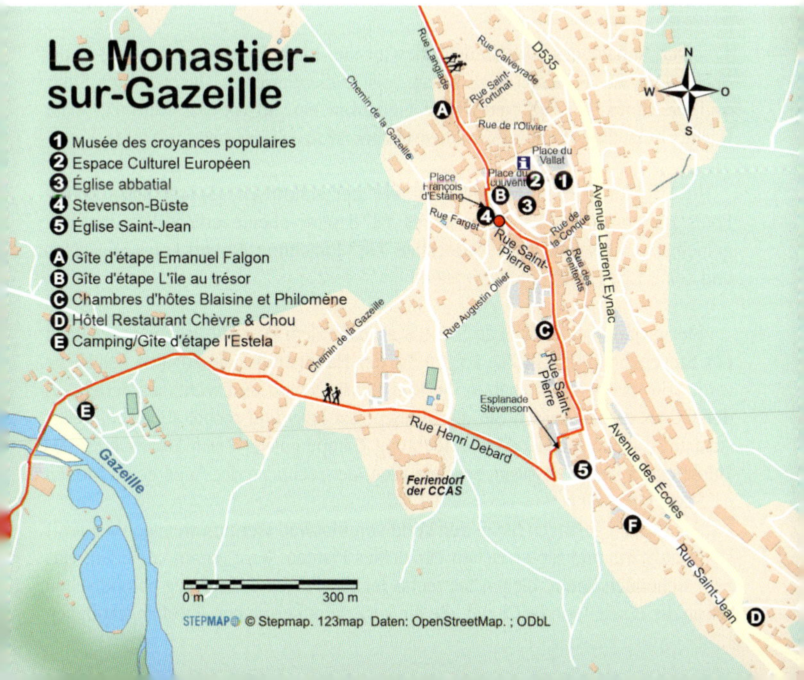

1. Etappe: Le Monastier-sur-Gazeille – Le Bouchet-Saint-Nicolas

23,6 km, 6 Std. 30 Min., 789 m, 505 m, 764-1.219 m

0,0 km	933 m	Le Monastier-sur-Gazeille
7,9 km	1.009 m	Saint-Martin-de-Fugères WC
10,7 km	772 m	Goudet
15,4 km	1.029 m	Ussel WC
23,6 km	1.218 m	Le Bouchet-Saint-Nicolas

Wie auch R. L. Stevenson starten Sie nun tatsächlich die eigentliche Wanderung nach Saint-Jean-du-Gard. Auf der 1. Etappe geht es auf 23,6 km mit zwei ordentlichen Anstiegen durch die kleinen Ortschaften Saint-Martin-de-Fugères, Goudet und Ussel und schließlich mit gemächlicher Steigung nach Le Bouchet-Saint-Nicolas.

„Der Anblick des ruhenden Landes tut ihm (dem Reisenden, d. Verf.) in der Seele wohl. Etwas Besseres als Musik liegt in dieser weiten, ungewohnten Stille, und sie stimmt ihn auf freundliche Gedanken ein, so wie das Murmeln eines Baches oder die Wärme des Sonnenscheins." R. L. Stevenson

In Le Monastier-sur-Gazeille startete der schottische Schriftsteller Robert Louis Stevenson im Herbst des Jahres 1878 seine abenteuerliche Wanderschaft gemeinsam mit seiner Eselin Modestine (☞ Einleitung, Robert Louis Stevenson und seine Reise durch die Cevennen).

Der große Platz Esplanade Stevenson, nahe dem Postamt, ist Ausgangspunkt des Stevensonweges GR 70. Folgen Sie der Hauptstraße, die zur Rue Saint-Jean wird. Von hier geht es hinab in die Rue Henri Debard und rechts am Feriendorf der CCAS vorbei. Lassen Sie die Straßen, die links und rechts abbiegen, außer Acht und folgen Sie der Straße Richtung Campingplatz. Nach Überqueren des Flusses La Gazeille ❶ folgen Sie dem Weg, der rechts an der Auberge du Moulin de Savin hinaufführt.

Auf diesem gelangen Sie in den Wald von Malaval. Der nun steinige Weg führt stetig aufwärts und Sie erreichen ein kleines Plateau. Kurz darauf, an einem einzeln stehenden Baum, biegen Sie rechts hinab in einen Wiesenweg ab und sehen schon die Häuser von **Le Cluzel**, die Sie kurz darauf erreichen. Dort angekommen

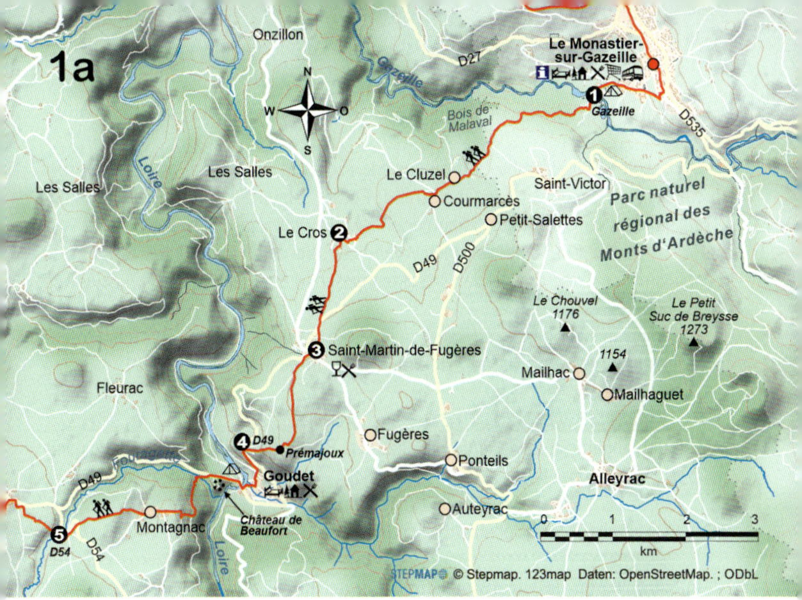

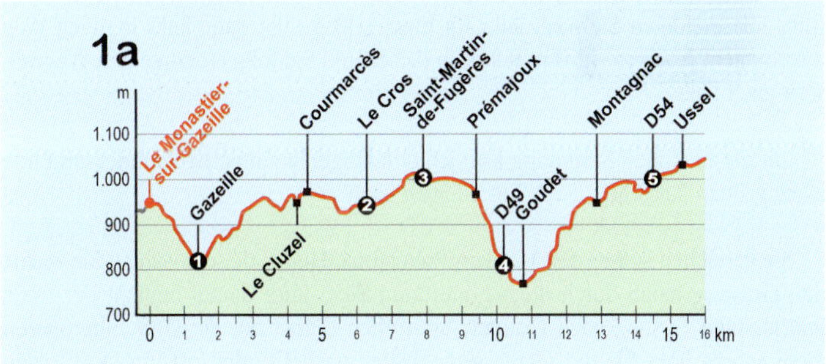

geht es geradeaus auf einem kleinen Asphaltsträßchen hinauf zum Weiler **Courmarcès** (km 4,5).

☺ ⩫ Ein kleiner Rastplatz liegt auf der rechten Seite.

An der einzigen Straßenkreuzung in Courmarcès laufen Sie schräg rechts geradeaus weiter. Am letzten Haus folgen Sie rechts der Markierung über eine Wiese, um nach wenigen Metern auf eine breite Erdpiste zu treffen, die auf wunderbar aussichtsreichem Weg links hinab ins Tal und zu den Häusern von **Le Cros** führt.

Verlassen Sie die Straße und biegen Sie rechts in einen Weg ab. Links vorbei an einer Tränke erreichen Sie eine Straße. Dieser folgen Sie nach rechts, um kurz darauf links in ein Sträßchen abzubiegen ❷, das links an einem Fußballfeld vorbeiführt. An der D49 angekommen folgen Sie dieser für ein kurzes Stück nach rechts, um dann noch vor dem Ortseingangsschild links einem kleinen Steinweg zu folgen.

Auf diesem schönen Weg, der an beeindruckenden Gemüsegärten vorbeiführt, gelangen Sie kurz darauf nach **Saint-Martin-de-Fugères** (km 7,9).

Saint-Martin-de-Fugères ✕ 🍷 ⛲ WC ⇧ 1.009 m, 236 Ew.

✕🍷 **Boulangerie et Bar Elodie et Lilian**: Le Bourg, 43150 Saint-Martin-de-Fugères (gegenüber der Kirche), ☏ 04 71 01 55 62, 🚪 7:30 bis 13:30 und 16:30 bis 20:30, Fr/Sa bis 1:00, Mi und So nachmittags geschlossen

WC Öffentliche Toiletten, ebenfalls an der Kirche

In Saint-Martin-de-Fugères gehen Sie an der Kirche ❸ vorbei und links in die kleine Straße, die am Hauptportal der Kirche vorbeiführt und wieder auf die D49 trifft. Dieser folgen Sie nach links für etwa 100 m, um dann links in einen Weg abzubiegen. Nach ca. 250 m teilt sich dieser und Sie folgen den gelben Wegweisern nach links.

„In dieser frohen Stimmung kam ich den Hügel hinunter, wo Goudet am Ende eines grünen Tales liegt (…)." R. L. Stevenson

Sie erreichen später den Hof von Prémajoux. Hinter diesem wählen Sie rechts den Grasweg hinab durch die schöne Baumallee. Kurz darauf beginnt der steile und steinige Abstieg nach Goudet. Sie treffen erneut auf die D49, überqueren diese schräg links ❹ und setzen den Abstieg nach **Goudet** fort. Im Dorf folgen Sie der kleinen Straße abwärts, bis Sie auf die Hauptstraße treffen, an der sich Wanderwegweiser befinden.

Goudet 🛏 🏠 ⛺ ✕ ⇧ 772 m, 66 Ew.

🛏 **Hôtel Restaurant de la Loire**, Le Bourg, 43150 Goudet, ☏ 04 71 57 18 41, ✉ Kontaktformular auf Website, 💻 www.hoteldelaloiregoudet.fr, direkt am Weg, 20 Zimmer, Übernachtung für 2 Personen im DZ ab € 73, Frühstück € 10,50, Abendessen ab € 18, 🍴, gute regionale Küche, 🚪 ganzjährig geöffnet

Gîte d'étape et Ferme Auberge du Pipet, 8 Route du Pré des Moines, 43150 Goudet, Famille Massebeuf, 06 10 84 52 27, aubergedupipet@outlook.fr, 30 m vom Weg, 25 Plätze (großzügig aufgeteilt in mehrere Schlafräume), Küchenbenutzung, Übernachtung € 25, Frühstück € 7,50, Abendessen € 20, Halbpension € 42, Lunchpaket € 7,50, 15. April bis Ende Okt

Camping* Au bord de l'eau**, „Rock'n Camp", Le Chambon, 43150 Goudet, 04 71 57 16 82, campingaubordeleau@live.fr, www.campingaubordeleau.com, 300 m vom Weg direkt nach Überqueren der Loire rechts, zentral am Fluss gelegen, , 90 Stellplätze, Zelt und 1 Person € 10, Schlafsaal mit 8 Plätzen (Übernachtung € 20), Vermietung von Mini-Chalets für bis zu 3 Personen ab € 78, Bar/Restaurant und Brotdepot, , 29. April bis 20. Sep

Von den Wanderwegweisern in Goudet aus folgen Sie der Hauptstraße nach rechts, bis Sie die D49 erreichen. Auf dieser laufen Sie nach rechts und überqueren die Loire. Bleiben Sie auf der D49, bis Sie zu einem kleinen Parkplatz gelangen. Hier befindet sich links oberhalb die Ruine des Château de Beaufort. Auf der

Die berühmte Linsen „lentilles vertes de Puy" (sg)

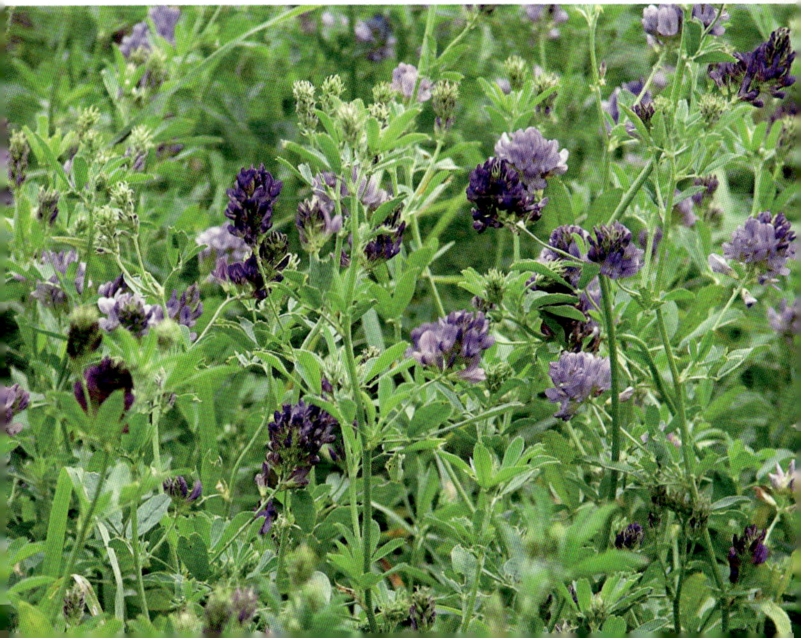

linken Seite zweigt ein Steinweg ab, in den Sie einbiegen. Sie überqueren eine Brücke, um dann auf dem immer gerölliger werdenden Weg steil aufzusteigen. Nach einiger Anstrengung erreichen Sie das schöne Dorf **Montagnac**.

Durchqueren Sie das Dorf, immer den deutlichen GR-Markierungen folgend. Am Ortsausgang von Montagnac halten Sie sich an der Straßengabelung rechts, das Sträßchen wird zu einer breiten Erdpiste und steigt leicht an. Folgen Sie immer dem Verlauf des Hauptweges, bis Sie die D54 erreichen. Diese überqueren Sie und gehen auf dem gegenüberliegenden Pfad weiter.

Sie treffen erneut auf die Straße und folgen dieser nach links. Etwa 80 m nach Überqueren der Brücke biegen Sie links hinauf in einen kleinen Pfad mit Holzwegweiser ab ❺. Der Pfad wird schnell zu einem breiten Feldweg, der am Ortseingang von **Ussel** auf die D49 trifft, der Sie nach links folgen (km 15,4).

„Und schließlich, im Dorf Ussel, rutschte der Packsattel mitsamt der ganzen Last herunter und schleifte im Staub unter dem Bauch der Eselin (Stevensons Eselin Modestine, d. Verf.). Allzu erfreut blieb sie sofort stehen und schien zu lächeln (...)." R. L. Stevenson

Ussel 1.029 m

Gîte d'étape et table d'hôtes Halte Modest'in, 43370 Ussel, Michaël Arsac, ☏ 04 43 07 69 64, 06 70 20 13, gitelestevenson@gmail.com, www.gite-stevenson.com, Ortsausgang, unmittelbar am Stevensonweg, 8 Plätze in einem Schlafraum mit Doppelstockbetten, Küchenbenutzung, Übernachtung € 20, Frühstück € 9, Abendessen € 18, Halbpension € 47, Lunchpaket € 10, Ankunft ab 17:30, ganzjährig geöffnet

Restaurant Chez Monique, Village, 43370 Ussel, ☏ 04 71 57 14 44, französisches Restaurant mit guter Weinauswahl, für Abendessen vorab anrufen, Di/Do/So 8:00 bis 20:00, Mo bis 18:30, Fr/Sa bis 22:00

Eine Trinkwasserstelle ist gegenüber der Bushaltestelle.

WC Öffentliche Toiletten befinden sich auf der rechten Straßenseite an der Bushaltestelle.

Folgen Sie dann der D491 nach links und biegen Sie nach dem letzten Haus auf der rechten Seite (kleines Steinkreuz an der Hauswand) rechts ab auf die breite Erdpiste.

Nach 200 m nehmen Sie in einer Rechtskurve den Grasweg nach links und gehen links an einem Wasserreservoir vorbei. An der nächsten Weggabelung halten Sie sich links und gleich danach laufen Sie rechts weiter. Auf einem aussichtsreichen, schönen Weg erreichen Sie nach 2 km das Dorf **Bargettes** (km 18,2).

In Bargettes treffen Sie auf eine kleine Asphaltstraße, wo Sie rechts und sofort wieder links abbiegen. Sie gehen in Richtung N88 und unterqueren diese durch eine Unterführung. Halten Sie sich rechts und nehmen Sie das ansteigende Sträßchen, das die ehemalige Bahntrasse Le Puy – Langogne quert ❻ und geradeaus weiterführt.

↳ Auf dem ersten rechts abzweigenden Weg gelangen Sie nach etwa 800 m in das Dorf **Costaros** ✕ 🛒 🚌.

🚌 nach Le Puy-en-Velay oder Langogne (Linie H1 und H2), Mo bis Sa (2x tgl.), Hugon Tourisme, ☎ 04 66 49 03 81, ✉ contact@hugon-tourisme.com, 💻 www.hugon-tourisme.com

Halten Sie sich geradeaus und wählen Sie auf der Anhöhe den linken Weg. Etwas weiter erreichen Sie eine Kreuzung. Hier laufen Sie rechts und dann sofort links in den Wiesenweg. Die Landschaft wird ein klein wenig rauer. Sie stoßen auf einen breiten Weg,

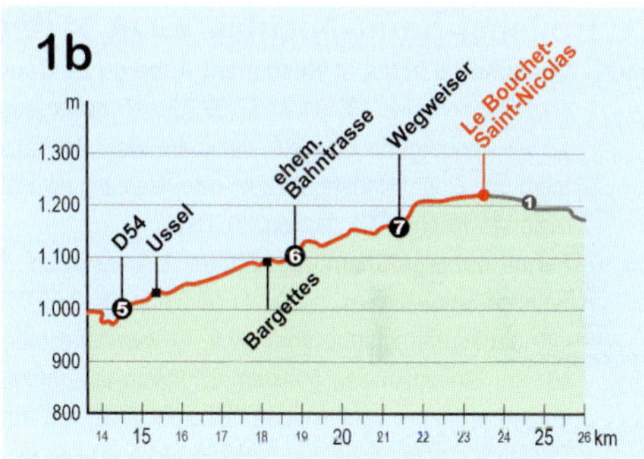

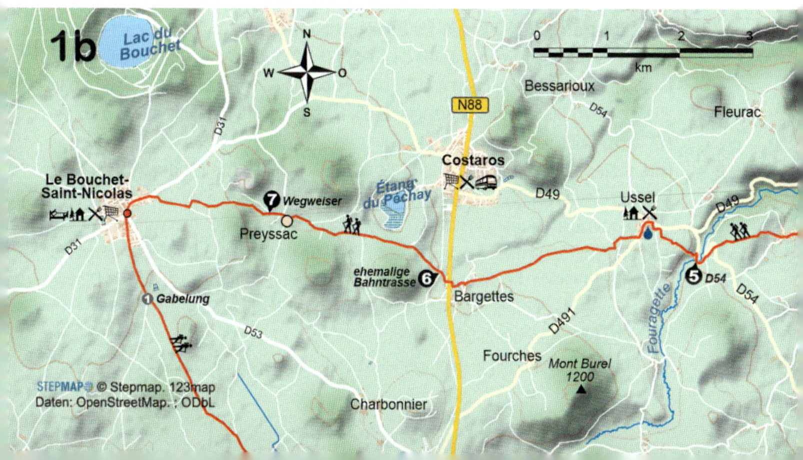

dem Sie nach links folgen, und erreichen den Weiler **Preyssac**. Sie durchqueren ihn, verlassen in einer Rechtskurve das Asphaltsträßchen und laufen geradeaus auf einer breiten Piste weiter.

An der nächsten Weggabelung folgen Sie den Wegweisern nach links ❼. Der kleine Pfad schlängelt sich leicht aufwärts und Sie gelangen an eine breite Weggabelung mit Blick auf das Dorf Le Bouchet-Saint-Nicolas, wo es rechts geht. Der Weg macht kurz darauf eine scharfe Kurve nach links und etwa 50 m weiter eine ebensolche nach rechts. Sie treffen auf die D31 und gelangen auf dieser in das Dorf **Le Bouchet-Saint-Nicolas**. Sie durchqueren das Dorf auf der D31, bis Sie kurz nach dem Restaurant Auberge de Couvige auf eine übergroße Holzstatue Stevensons stoßen.

Le Bouchet-Saint-Nicolas ⇧ 1.218 m, 276 Ew.

Chambres d'hôtes et Restaurant Auberge Le Couvige, Village, 43510 Le Bouchet-Saint-Nicolas, ☏ 04 71 57 32 32, aubergeducouvige@gmail.com, www.aubergeducouvige.fr, direkt am Weg, 24 Plätze in 5 frisch renovierten Zimmern und einem Nebengebäude, Übernachtung mit Halbpension € 52, sehr gute regionale Küche, 1. Mai bis 30. Okt

Ferme auberge/Chambres d'hôtes L'Arrestadou, Route de Cayres, 43510 Le Bouchet-Saint-Nicolas, ☏ 04 71 57 35 34, 06 27 14 91 96, aubergearrestadou@orange.fr, www.larrestadou.fr, vor Ortsbeginn unmittelbar am Stevensonweg gelegen, 27 Plätze in Zimmern, Wohnwagen und anderen ungewöhnlichen Schlafstätten, Übernachtung mit Frühstück für 2 Personen im Chambre d'hôtes € 64, Le Dodôme étoilé (Kokon mit Blick auf den Nachthimmel) 2 Personen € 30, Frühstück € 9, Abendessen € 19, ganzjährig geöffnet

♦ **Chambres et tables d'hôtes Le bon Accueil**, Village, 43510 Le Bouchet-Saint-Nicolas, Dominique Reynaud, ☏ 04 71 57 31 91, 100 m vom Stevensonweg entfernt, 15 Plätze in 4 Zimmern und 1 Ferienwohnung, Übernachtung mit typisch französischem Frühstück für 2 Personen € 65, Halbpension € 52, Lunchpaket € 9, 5. April bis 1. Nov

Gîte d'étape et table d'hôtes La Retirade, Place de l'Église (Dorfmitte), 43510 Le Bouchet-Saint-Nicolas, Émilie Clair, ☏ 04 71 02 57 09, 06 29 42 61 50, contact@gitelaretirade.com, www.gitelaretirade.com, 300 m vom Stevensonweg entfernt, 5 Zimmer, davon 2 DZ, 2 7-Bett-Zimmer und 1 6-Bett-Zimmer mit insgesamt 24 Plätzen, Küchenbenutzung € 1, Übernachtung für 2 Personen im DZ inkl. Frühstück € 44, Übernachtung im Schlafraum inkl. Frühstück € 19, Abendessen € 18, 30. April bis 2. Sep

Alle Postdienste werden in dem kleinen Lebensmittelladen angeboten.

2. Etappe: Le Bouchet-Saint-Nicolas – Pradelles

20,5 km, 5 Std., 353 m, 418 m, 986-1.239 m

0,0 km	1.218 m	Le Bouchet-Saint-Nicolas
6,2 km	1.096 m	Landos
9,7 km	1.049 m	Jagonas
12,0 km	1.008 m	Arquejols
20,5 km	1.153 m	Pradelles WC

Die zweite Etappe des Stevensonweges führt gemächlich bergab bis zum kleinen Ort Arquejols mit dem gleichnamigen, imposanten Viadukt. Von dort aus führen Sie kleine Sträßchen und Erdwege einige Höhenmeter hinauf, um anschließend mit Blick auf das Etappenziel Pradelles wieder hinunterzuwandern.

„Es war grimmig kalt, ein grauer, windiger, winterlicher Morgen; Nebelwolken flogen rasch und niedrig, der Wind pfiff über die nackte Hochfläche (…)."
R. L. Stevenson

Bei der Holzstatue von Stevenson verlassen Sie die D31 und biegen links in die Asphaltstraße ab, die bald zu einem breiten Kiesweg wird. An der ersten Gabelung halten Sie sich links ❶. Sie folgen immer diesem Weg, ignorieren alle Abzweigungen, bis der Weg auf eine Teerstraße trifft ❷, auf der Sie links weitergehen und schließlich den Ort **Landos** erreichen.

☺ Unmittelbar vor Erreichen der ersten Häuser befindet sich an einer kleinen Brücke ein schöner, kleiner Picknickplatz mit Tisch und Bank, der zu einer Rast einlädt.

Laufen Sie geradeaus in das Dorf hinein. Über einen großen, asphaltierten Platz gelangen Sie zu einem zweiten, erhöht liegenden Platz und befinden sich in der Dorfmitte.

Landos 1.100 m, 873 Ew.

Gîte d'étape Les Fonds, Le Bourg, 43340 Landos, ☏ 04 71 08 29 93 oder 04 71 08 20 19, lesfonds@wanadoo.fr, www.landos.fr, 300 m vom Stevensonweg entfernt, am Marktplatz der D88 für etwa 300 m nach rechts folgen (grünes Hinweisschild „Gîte d'étape communal"), auf linker Seite am Sportzentrum (*complexe* *sportif*) gelegen, 38 Plätze in 4- bis 6-Bett-Zimmern, Küchenbenutzung, Übernachtung € 17, sehr einfache Unterkunft, , ganzjährig geöffnet

Gîte d'étape Restaurant La Bascule, Le Bourg, 43340 Landos, Patrice et Françoise Goudet, 04 71 08 51 62, patricegoudet@gmail.com, www.landos.fr, direkt am Stevensonweg und zentral am großen Marktplatz (Place du Marché) gelegen, 8 Plätze in 4-Bett-Zimmern in einfachem, aber schönem und gemütlichem altem Steinhaus, Übernachtung € 22, Frühstück € 8, Abendessen ab € 16, Halbpension € 51, Lunchpaket € 5, , 1. April bis 31. Okt

nach Le Puy-en-Velay oder Langogne (Linie H1 und H2), Mo bis Sa (2x tgl.), Hugon Tourisme, 04 66 49 03 81, contact@hugon-tourisme.com, www.hugon-tourisme.com

Kirche Saint-Felix: Diese schöne romanische Kirche ist in ihrer massiven Bauweise dem rauen Klima angepasst.

Der GR 70 führt vom oberen Dorfplatz nach Überqueren der D88 rechts am Rathaus, dem Hôtel de Ville, vorbei, der kleinen Teerstraße folgend. Bleiben Sie an der Weggabelung auf Höhe des Wasserbeckens auf dem aufwärtsführenden Sträßchen ❸, an der nächsten Gabelung biegen Sie in den unteren, rechten Weg ab. Kurz darauf erreichen Sie eine breite Schotterpiste, an der sich ein sehr schönes altes Steinkreuz befindet, hier folgen Sie dem Erdweg nach rechts. An der nächsten Kreuzung biegen Sie links ab und an der unmittelbar folgenden Weggabelung halten Sie sich rechts aufwärts. 200 m später erreichen Sie erneut eine Weggabelung, an der Sie sich links halten. Sie erreichen nach etwa 1,5 km den Ortsanfang von **Jagonas**. Bevor Sie zu den ersten Wohnhäusern gelangen, biegen Sie links in einen Asphaltweg ab, dem sie an der nächsten Gabelung nach links

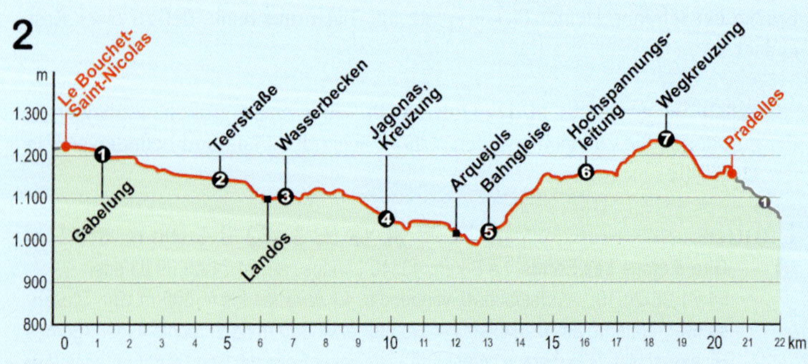

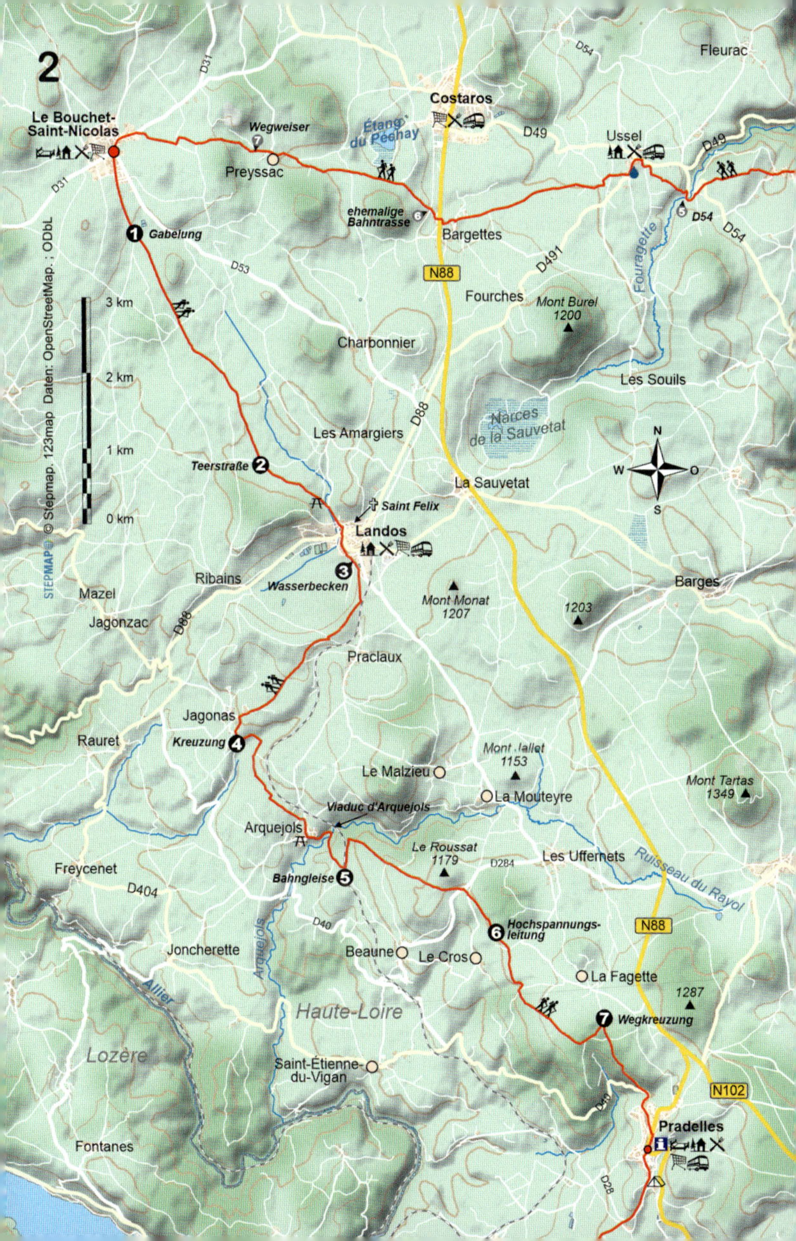
2
Le Bouchet-
Saint-Nicolas
Wegweiser
Preyssac
Costaros
Étang du Péchay
D49
D54
Fleurac
Ussel
D31
D49
ehemalige
Bahntrasse
Bargettes
D54
D54
Fouragette
Gabelung
D53
N88
D491
3 km
Fourches
Mont Burel
1200
Charbonnier
2 km
Les Souils
Stepmap, 123map Daten: OpenStreetMap, ODbL
© Stepmap. 123map Daten: OpenStreetMap, ODbL
D88
Narces
de la Sauvetat
Les Amargiers
1 km
Teerstraße
N
W
O
S
La Sauvetat
Saint Felix
0 km
Landos
STEPMAP
Ribains
Wasserbecken
Mont Monat
1207
Barges
Mazel
1203
Jagonzac
D88
Praclaux
Jagonas
Rauret
Kreuzung
Mont Jallet
1153
Le Malzieu
La Mouteyre
Mont Tartas
1349
Viaduc d'Arquejols
Arquejols
Le Roussat
1179
Les Uffernets
Ruisseau du Rayol
Freycenet
D284
D404
Bahngleise
N88
Hochspannungs-
leitung
D40
Joncherette
Beaune
Le Cros
Arquejols
La Fagette
Allier
1287
Haute-Loire
Wegkreuzung
Lozère
Saint-Étienne-
du-Vigan
N102
D40
Pradelles
Fontanes
D28

folgen. Kurz darauf gabeln sich drei Wege, Sie halten sich links, der Markierung und Beschilderung entsprechend ❹. Zunächst geht es bergab und dann, nach kurzem Aufstieg, gelangen Sie an eine Weggabelung, an der Sie nach rechts gehen. Folgen Sie immer dem Verlauf des Weges, der mehrere Biegungen beschreibt. Der schöne Wiesenweg wird zu einem Sträßchen und trifft auf eine weitere Straße, an der Sie nach links laufen und wenige Meter weiter nach rechts in Richtung **Arquejols**.

☺ Im Weiler Arquejols befinden sich Picknickbänke auf der zentralen Dorfwiese.

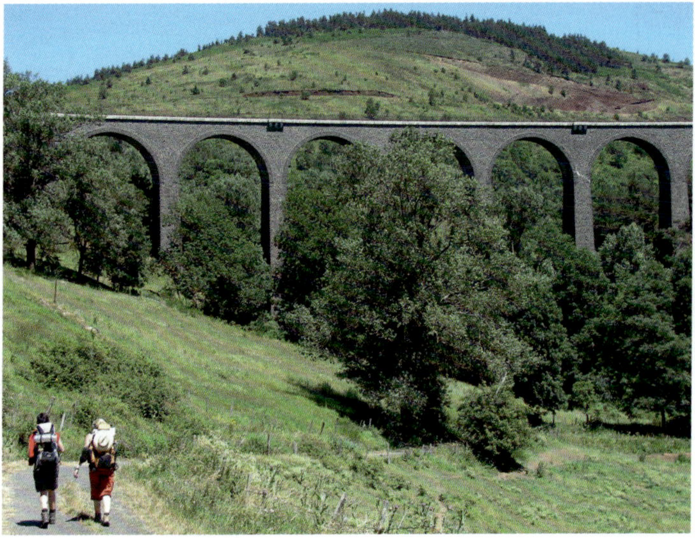

Das Viaduc d'Arquejols: 209 m lang, 44 m hoch, 11 Brückenbögen (sg)

Sie laufen rechts an den Picknickplätzen vorbei und folgen dem Sträßchen. Kurz darauf biegen Sie in einer scharfen Rechtskurve links auf den mittleren Weg ab. Dieser führt zunächst hinab, in Richtung der imposanten ehemaligen Eisenbahnbrücke Viaduc d'Arquejols, über eine Brücke und steigt dann wieder an. Sie unterqueren die Bahngleise ❺ und folgen dem Weg nach links, der zum Waldrand führt. Hier steigen Sie rechter Hand den schmalen Pfad hinauf, der sich etwas später weitet und aussichtsreiche Fernblicke zurück eröffnet. Folgen Sie immer dem schönen Weg bergauf. Sie gelangen später an eine Straße, die Sie überqueren, und folgen dann dem gegenüberliegenden Asphaltsträßchen in Richtung Le Cros.

Nach etwa 80 m biegen Sie dann links in einen Erdweg in Richtung Wald. Nach Unterqueren der Hochspannungsleitung ❻ treffen Sie auf eine Kreuzung, an der Sie geradeaus dem Grasweg folgen. Bei gutem Wetter bieten sich entlang dieser Strecke immer wieder beeindruckende Blicke auf den Stausee Lac de Naussac. Etwa 150 m nach Unterqueren einer zweiten Hochspannungsleitung lassen Sie einen Linksabzweig außer Acht, um dann 20 m weiter einem links aufwärtsführenden Pfad zu folgen. Der schmale Pfad mündet in einen breiteren Erdweg, den Sie in Laufrichtung weitergehen. Folgen Sie dem Weg immer in Laufrichtung durch Weidelandschaft. Sie treffen auf eine breite Piste, der Sie für 30 m nach links folgen, um dann wieder links in einen schmalen Weg einzubiegen. Kurz darauf erreichen Sie eine Ebene, wo Sie bei deutlichen Wegweisern scharf rechts in Richtung Waldrand gehen ❼. Es beginnt bald der seichte Abstieg nach Pradelles mit wunderbarem Ausblick auf das Etappenziel. Am Ende des Waldes treffen Sie auf eine Asphaltstraße, der Sie nach links folgen, um dann auf die N88 zu stoßen.

Sie überqueren die N88 und laufen rechts die Rue Haute hinab in Richtung Dorfmitte von **Pradelles**, die sich am Place du Foirail befindet.

WC Am Place du Foirail, unterhalb der Straße gelegen, gibt es öffentliche Toiletten.

„Pradelles liegt auf einer Hügellehne hoch über der Allier, umgeben von saftigen Wiesen. Rundherum war man bei der Grummeternte, was der Gegend an diesem böigen Herbstmorgen einen Heuduft verlieh, der gar nicht in die Jahreszeit passte." R. L. Stevenson

Pradelles

⇧ 1.150 m, 540 Ew.

i Place de la Halle, 43420 Pradelles, ☏ 04 71 00 82 65, ✉, 💻 www.pradelles43.fr, Mo bis Sa 9:00 bis 12:30 und 13:30 bis 18:30, in der Touristeninformation ist eine kleine, kostenlose Broschüre mit den Sehenswürdigkeiten des Ortes, in Form eines Stadtrundganges zusammengefasst, erhältlich.

Chambres d'hôtes/Gîte d'étape Terre d'Accueil, Place du Foirail, 43420 Pradelles, Danièle Rouvière, ☏ 04 71 00 88 27, 📱 06 59 65 69 92, ✉ jr43rouviere@gmail.com, direkt am Stevensonweg und in der Dorfmitte, 12 Plätze, Übernachtung mit Frühstück für 2 Personen im DZ € 55, Übernachtung in der

Gîte (4-Bett-Zimmer) mit Frühstück pro Person € 27,50, Halbpension € 45, Lunchpaket € 8, 🐕, 🐎, 🚪 1. März bis 31. Okt

🛏 **Chambres d'hôtes La Bourrique**, Route de Langogne, 43420 Pradelles, Coralie und Jéremy, ☎ 06 12 99 87 09 , ✉ gite@labourrique.fr, 💻 www.labourrique.fr, am Ortsausgang, 200 m vom Stevensonweg und vom Dorfzentrum entfernt, 18 Plätze verteilt auf ein 4-Bett-Zimmer, ein Studio und einen Bereich für bis zu 10 Personen, Küchenbenutzung, Übernachtung mit Frühstück für 2 Personen ab € 60, 🐎, 🚪 ganzjährig

♦ **Hôtel** Le Ponat**, 33 Avenue du Puy, 43420 Pradelles, ☎ 04 71 00 85 20, ✉ hotelponant@free.fr, 💻 www.hoteleponant.fr, 20 m vom Stevensonweg entfernt, 40 Betten (auch 4- bis 6-Bett-Zimmer), Übernachtung für 2 Personen im DZ ab € 59, Frühstück € 7,50, Halbpension € 57, 🐕, 🚪 von 26. April bis 15. Nov

🏠✕ **Gîte d'étape/Restaurant Brasserie du Musée**, Place du Foirail, 43420 Pradelles, ☎ 04 71 00 87 88, ✉ brasseriedumusee43@gmail.com, die Gîte befindet sich im Dorfzentrum, nur 100 m vom Stevensonweg entfernt (Rue Basse Cour), und ist ausgeschildert, der Schlüssel wird im Restaurant „Brasserie du Musée" abgeholt (bei Reservierung erfragen). 12 Plätze in 4- bis 6-Bett-Zimmern mit Etagenbetten, Küchenbenutzung, Übernachtung € 25, Frühstück € 8, Abendessen € 16,50, gut ausgestattete und schöne Gîte in altem Natursteinhaus, 🚪 ganzjährig geöffnet

🏠 **Gîte d'étape Le Stevenson,** Avenue du Puy, 43420 Pradelles, ☎ 09 52 48 54 74, ✉ gitestevenson@free.fr, 💻 www.gitestevenson.fr, 80 m vom Stevensonweg entfernt, 2- und 4-Bett-Zimmer, Preis pro Person mit Frühstück € 41, Halbpension € 52, Lunchpaket € 10, 🐕, 🚪 26. April bis 15. Nov

⛺ **Camping Municipal Le Rocher de Grelet**, Avenue de Langogne, 43420 Pradelles, ☎ 04 71 00 80 07, ✉ Campinglerocherdegrelet@gmail.com, 💻 www.pradelles43.fr, 550 m vom Stevensonweg, am Ortsausgang an der N88, 22 Stellplätze, kleines Zelt und 1 Person € 5,20, 🚪 Juli und Aug

✕ **Restaurant Le Renaissance**, Place de la Halle, 43420 Pradelles, ☎ 04 71 02 47 03, nettes Restaurant mit traditionellen Spezialitäten der Region, 🚪 täglich 8:00 bis 22:30

🏊 Freibad Piscine municipale, Avenue de Langogne, 43420 Pradelles, ☎ 04 71 00 80 07, 20 m vom Campingplatz entfernt, 🚪 10. Juli bis 31. Aug täglich 11:00 bis 19:00, Eintritt € 3

🚌 nach Le Puy-en-Velay oder Langogne (Linie H1), Mo bis Sa (2x tgl.), Hugon Tourisme, ☎ 04 66 49 03 81, ✉ contact@hugon-tourisme.com, 💻 www.hugon-tourisme.com

Pradelles wurde zum ersten Mal im Jahr 1177 urkundlich als „Castrum Pratellae", Burg auf den hoch gelegenen Wiesen, erwähnt. An dem Chemin de la

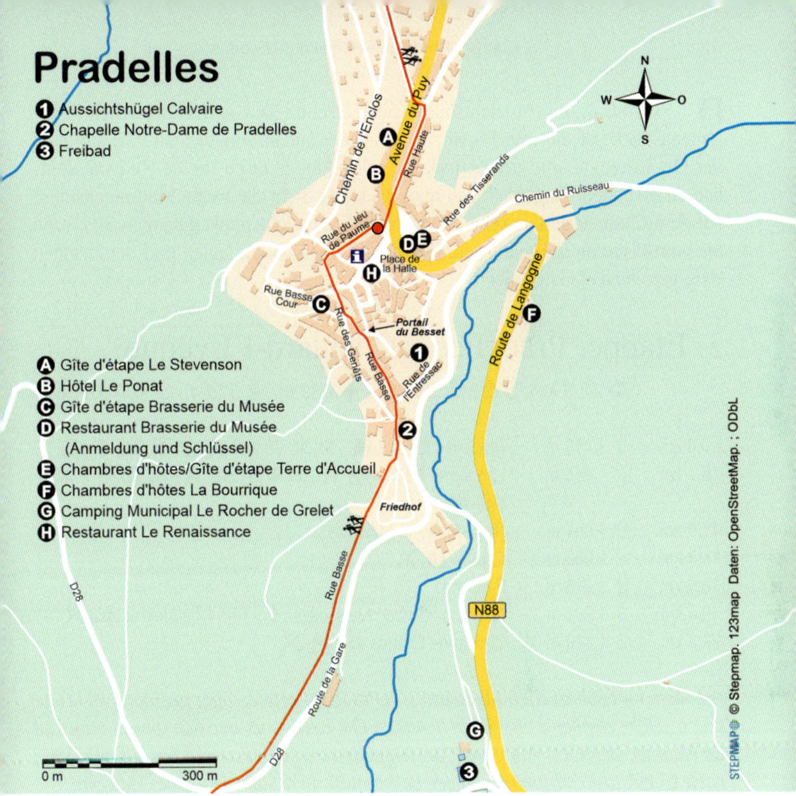

Régordane, dem bedeutenden Pilgerweg von Le Puy-en-Velay nach Saint-Gilles-du-Gard gelegen, der gleichzeitig auch wichtiger Handelsweg von Nord nach Süd war, entwickelte sich Pradelles zu einem einflussreichen und wohlhabenden Handelsort. Auch heute lässt sich der vergangene Reichtum des Dorfes noch anhand der herrschaftlichen Häuser und der Arkadengänge aus dem 16. und 17. Jh. am Place de la Halle erkennen. Nicht umsonst erhielt Pradelles im Jahr 1977 die Auszeichnung „site classé" und darf sich zu den schönsten Dörfern Frankreichs zählen.

Im unteren Teil des Dorfes befindet sich die bemerkenswerte ✝ Chapelle Notre-Dame, die im Jahr 1609 gebaut wurde und Pilgerstätte war. Gegenüber liegt das Hospiz aus dem Mittelalter, das Reisende und Pilgernde aufnahm.

Das Wappen von Pradelles, drei Flügel auf blauem Hintergrund, repräsentiert die drei Provinzen Velay, Gévaudan und Vivarais, an deren Grenzen Pradelles liegt.

Vom Calvaire (Aussichtshügel) aus genießen Sie einen fantastischen Panoramaausblick auf die drei Provinzen Velay, Gévaudan und Vivarais. Zudem sind der Ort Langogne und der sich silbern spiegelnde Stausee Lac de Naussac deutlich zu erkennen. Angeblich soll man bei klarer Sicht die weiße Madonnenstatue auf dem Chateau de Luc sehen können. Zum Aussichtspunkt gelangen Sie, wenn Sie vom Place de la Halle in die Rue de la Congrégation laufen und dem kleinen Weg geradeaus hinauf folgen.

3. Etappe: Pradelles – Cheylard-l'Évêque

22,3 km, 5 Std. 35 Min., 482 m, 515 m, 900-1.236 m

0,0 km	1.153 m	Pradelles
6,1 km	915 m	Langogne
12,9 km	1.051 m	Saint-Flour-de-Mercoire
14,3 km	1.062 m	L'Herm
18,6 km	1.218 m	Fouzilhac
19,4 km	1.221 m	Abzweig nach Meissouzac und Chaudeyrac
22,3 km	1.120 m	Cheylard-l'Évêque

Aus dem mittelalterlichen Stadtkern von Pradelles geht es über größtenteils breite Wege seicht abfallend bis in den belebten Ort Langogne, der sich unweit vom Lac de Naussac befindet. Auf erneut ansteigenden Wegen passieren Sie auf dem Weg nach Cheylard-l'Évêque die Weiler Le Monteils und Saint-Flour-de-Mercoire.

„Es war eine anmutige, geschäftige, atmende, bäuerliche Landschaft, und während ich weiter ins Tal hinabstieg, reckte sich das Hochland des Gévaudan immer weiter gegen den Himmel." R. L. Stevenson

Am Place du Foirail verlassen Sie die N88 nach rechts, überqueren den Place de la Halle (hier befindet sich auf der rechten Seite das Tourismusbüro), laufen abwärts am Brunnen vorbei und biegen links in die Rue de Mazel ab. Gehen Sie durch das schöne mittelalterliche Stadttor Portail du Besset und folgen Sie der kleinen Dorfstraße hinab. Diese führt kurz vor Ortsausgang unterhalb der Chapelle Notre-Dame hindurch und zwischen Friedhof und Altersheim, dem „Maison de retraite" weiter geradeaus. Immer geradeaus stoßen Sie auf die D28, die Sie überqueren ❶. Sie laufen zunächst geradeaus, an einer Weggabelung halten Sie sich rechts abwärts, zwei spätere Abzweigungen nach links ignorieren Sie. An der

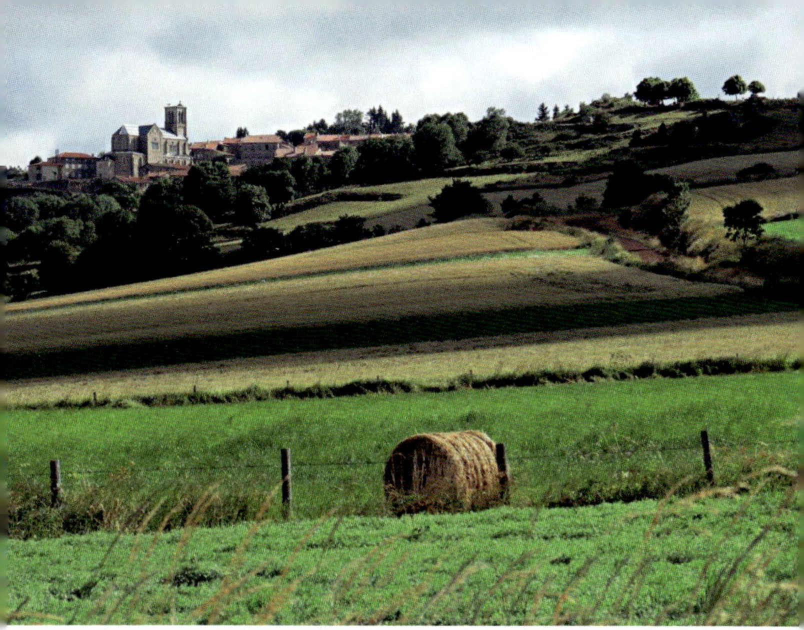

Blick zurück auf Pradelles (vk)

nächsten Weggabelung laufen Sie links weiter. Der Weg verläuft am Wald entlang und trifft schließlich auf eine Straße, auf der Sie links weitergehen. Sie überqueren links die Brücke, um dann auf die N88 zu gelangen. Dieser folgen Sie nach rechts, vorbei an einem Picknickplatz mit Unterstellmöglichkeit und Stevenson-Informationstafeln (kein lauschiges Plätzchen an der N88!), überqueren den Fluss Allier ❷ und erreichen den Ortsanfang von **Langogne**.

Die Stadtpassage ist teilweise schlecht markiert!

Nach Überqueren der Brücke folgen Sie der Straße wenige Meter nach links und biegen dann links auf den Parkplatz des Supermarktes Carrefour ab. Hier halten Sie sich rechts und folgen dem kleinen Weg, der unmittelbar hinter dem Hotel Grill du Gaillard verläuft. Sie passieren zwei kleine Metalltore, laufen parallel zum Fluss Langouyrou und treffen auf eine Querstraße. Diese überqueren Sie und gehen geradeaus die Rue Moulin de Sicard weiter, die kurz darauf in die Hauptstraße mündet. In Laufrichtung folgen Sie dieser für etwa 20 m und wenden sich dann rechts in das Sträßchen Rue de la Honde. Sie gelangen in die Rue Félix Viallet, laufen diese nach links weiter und stoßen auf das Tourismusbüro, „Office du

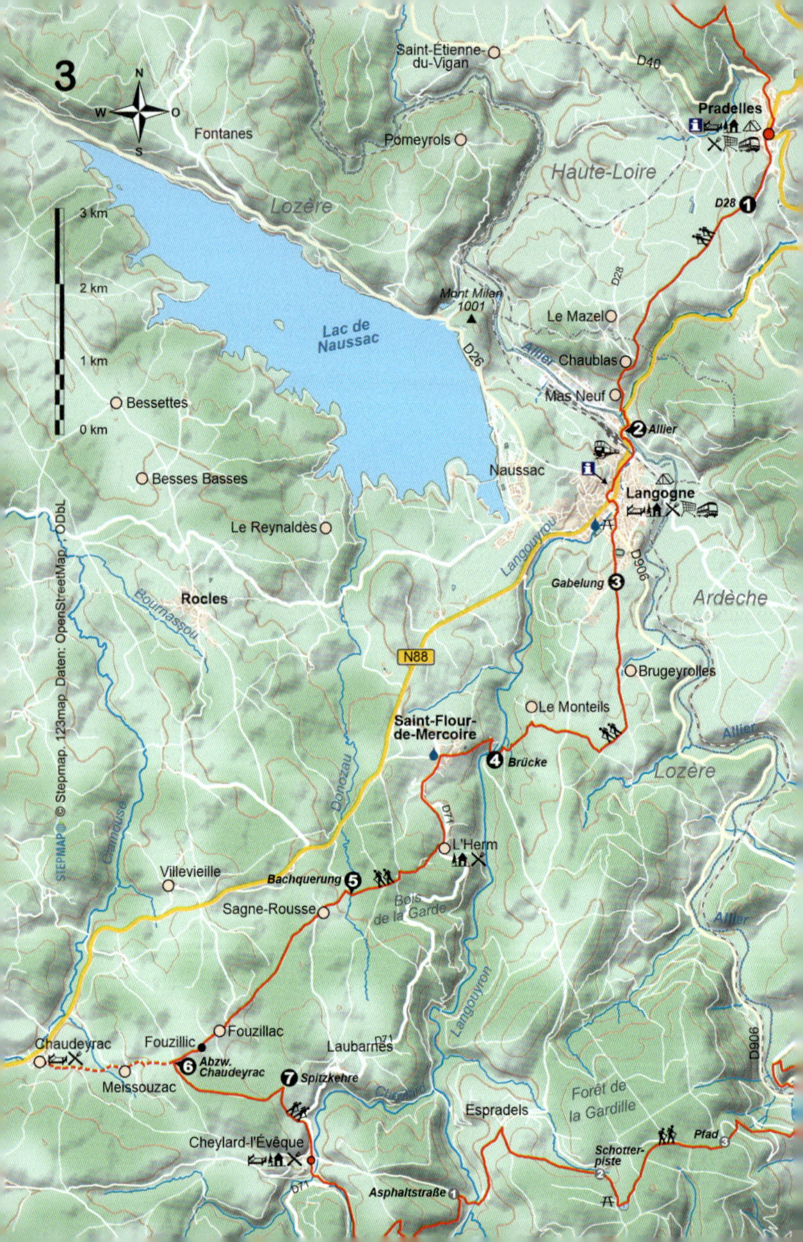

3
N
W
O
S
3 km
2 km
1 km
0 km
Saint-Étienne-du-Vigan
D40
Pradelles
Fontanes
Pomeyrols
Haute-Loire
Lozère
D28
Mont Milan 1001
Lac de Naussac
D26
Le Mazel
Allier
Chaublas
Mas Neuf
Bessettes
Allier
Naussac
Besses Basses
Langogne
Le Reynaldès
Langouyrou
D906
Gabelung
Ardèche
Rocles
Bournassou
N88
Brugeyrolles
Le Monteils
Saint-Flour-de-Mercoire
Allier
Brücke
Lozère
D71
L'Herm
Donozau
Villevieille
Bachquerung
Sagne-Rousse
Bois de la Garde
Allier
Langouyron
Fouzillac
Chaudeyrac
Fouzillic
Laubarnes
D71
D906
Abzw. Chaudeyrac
Meissouzac
Spitzkehre
Forêt de la Gardille
Espradels
Pfad
Cheylard-l'Évêque
Schotter-piste
D71
Asphaltstraße
STEPMAP® © Stepmap, 123map Daten: OpenStreetMap, ODbL

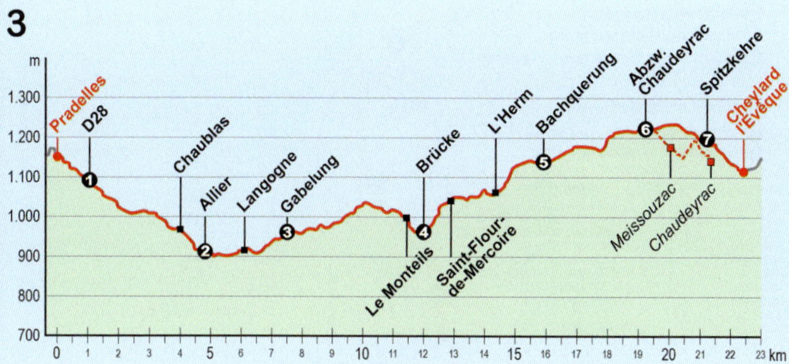

Tourisme", und das Rathaus, „Hôtel de Ville". Hier gehen Sie zunächst rechts und vor dem großen Metall-Kruzifix links in den breiten Boulevard Notre-Dame und am Brunnen vorbei bis zur Halle aux grains, der heutigen Markthalle.

Eine Trinkwasserstelle befindet sich am unteren Ende der Markthalle.

Langogne

915 m, 2.867 Ew.

15 Boulevard des Capucins, 48300 Langogne, 04 66 69 01 38, langogne@langogne.com, www.ot-langogne.com, Mo/Sa 9:00 bis 12:00 und 14:30 bis 18:00, Di-Fr 9:00 bis 12:30 und 14:00 und 18:30, So/Feiertag 10:00 bis 12:00

Hôtel Restaurant Le Grill du Gaillard**, 16 Quartier du Pont d'Allier, 48300 Langogne, Matial Piedjoujac, 04 66 69 10 55, hotel-gaillard@laposte.net, www.hotel-gaillard.jimdofree.com, direkt am Stevensonweg, 42 Betten in 17 Zimmern, sehr einfaches Hotel, Übernachtung für 2 Personen im DZ ab € 42, Frühstück € 7, Abendessen ab € 15,50, Halbpension ab € 40, Lunchpaket € 10, , , Mitte Jan bis Mitte Dez

Chambres et table d'hôtes Le Modest'inn, 2 Rue de la Honde, 48300 Langogne, Magali Jean, 04 66 46 48 33, 06 80 58 34 80, modestinn.48@gmail.com, www.modestinn-chambres-dhotes.fr, direkt am Stevensonweg,14 Plätze in 5 Zimmern, Übernachtung mit Frühstück für 2 Personen im DZ € 40, Abendessen € 20, Halbpension ab € 60, Lunchpaket € 8, , ganzjährig geöffnet

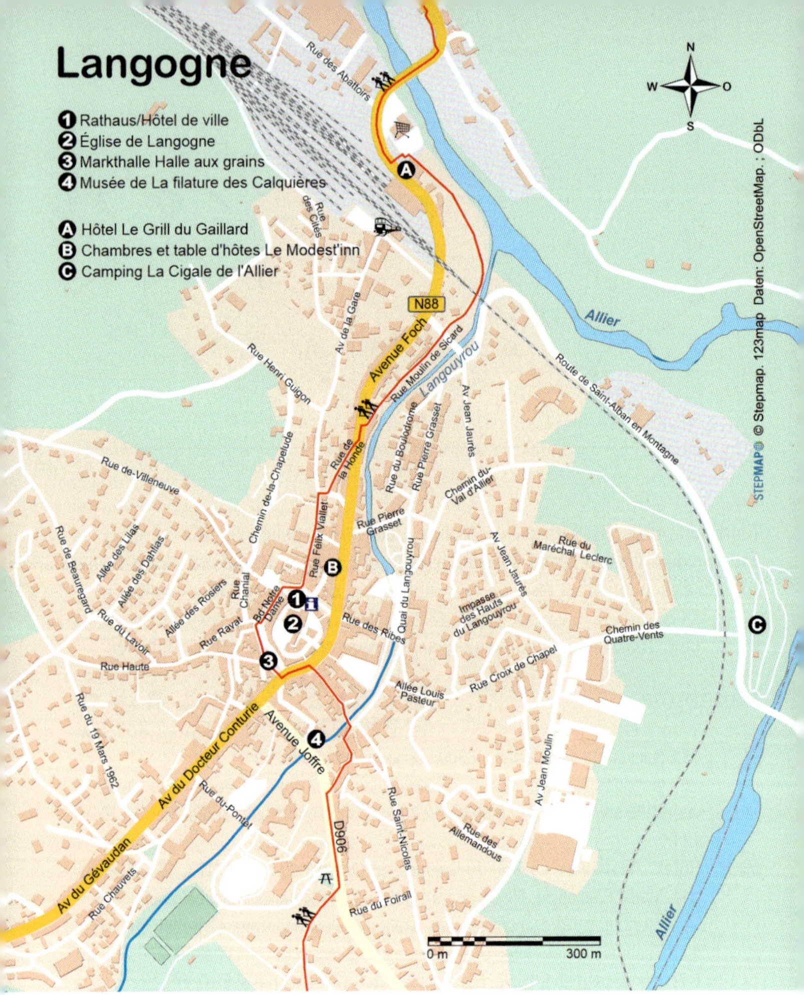

Camping La Cigale de l'Allier, 9 Route de Saint Alban, 48300 Langogne, Patricia Renaut und Jean-Pierre Jarry, ☎ 04 66 46 85 72, 📱 06 80 15 96 32, contact@lacigaledelallier.fr, 💻 www.lacigaledelallier.fr, 1,3 km vom Stevensonweg entfernt, 60 Stellplätze, schön gelegener Campingplatz mit Snack/Bar und kleinem Pool, kleines Zelt und 1 Person ab € 10,40, Halbpension € 26, Frühstück € 8, 🍴, 🚪 Mitte April bis Anfang Okt

schöner, großer Wochenmarkt u. a. in der Halle aux grains, jeden Di

nach Le Puy-en-Velay oder Aubenas (Linie H1 Mo-Sa 2x tgl. oder E17 Mo-Fr 1x tgl.), Hugon Tourisme, ☏ 04 66 49 03 81, contact@hugon-tourisme.com, www.hugon-tourisme.com

nach Clermont-Ferrand oder Nîmes (mehrmals täglich), www.sncf-connect.com

✝ Schöne, romanische **Kirche** aus dem 11./12. Jh. mit unzähligen verschiedenen Kapitellen des Mittelalters. Diese repräsentieren auf symbolhafte Weise das Gute und Böse (in der Touristeninformation erfragen).

⌘ **Musée de La Filature des Calquières**: Ein interaktives und szenografisches Museum über das Spinnhandwerk – von der Schafschur bis hin zum Wollfaden. Industrielle Spinnmaschinen aus dem 19. Jh. sind ebenfalls zu sehen.

♦ 23 Rue des Calquières, 48300 Langogne, ☏ 04 66 69 25 56, musee-filature@mairie-langogne.fr, www.musee-lozere.com, Juli und Aug Di bis So 10:00 bis 12:30 und 14:00 bis 18:30, Rest des Jahres Di bis Sa 10:00 bis 12:30 und 14:00 bis 18:00, Erwachsene € 9, Kinder bis 16 Jahre € 6

Die Stadtgründung geht auf das Jahr 998 zurück und auch heute sind noch einige Zeugnisse des alten Langogne zu bewundern: die romanische Kirche aus dem 11./12. Jh., die den Kern der Altstadt bildet; die Halle aux grains, der ehemalige städtische Kornspeicher, der heute als Markthalle genutzt wird; das Portail Sud, das südliche Stadttor mit imposantem Glockenturm; die Kirche St. Gervais; die Rue Haute, in der vormals die Oberschicht der Bevölkerung lebte; die Filature des Calquières, die am Seitenfluss der Allier, dem Langouyrou, gelegene Spinnerei, und nicht zuletzt der Tour de la Prison, der Gefängnisturm der Stadt.

Die Bestie vom Gévaudan

Die Bestie vom Gévaudan wurde zum ersten Mal im Juni des Jahres 1764 erwähnt. Demnach wurde in der Gemeinde Saint-Étienne de Ludgarès (in der Region Vivarais) eine Frau beim Hüten ihres Viehs von einer großen, wolfähnlichen Kreatur mit langen Krallen und einem Riesenmaul angefallen. Ihre Hunde ergriffen beim Anblick sofort die Flucht, die Frau verdankte allein ihren Ochsen das Leben, die mit ihren Hörnern die Bestie vertrieben.

Von dem Tag an wurden in der Region Gévaudan über drei Jahre hinweg nahezu 100 Frauen, Kinder und Hirten bestialisch zugerichtet und getötet. Aus Angst wandten sich die Menschen an König Ludwig XV., der eine starke Soldatentruppe unter Führung von Capitaine Duhamel in die Region schickte. Es folgten unzählige

Hetzjagden auf die Bestie und mehrmals schien das Untier erlegt zu sein, doch schon gab es neue Opfer.

Eine hohe Prämie wurde auf die Bestie ausgesetzt und viele Jäger bemühten sich, das Untier zu erlegen. So versammelte auch der Marquis d'Apcher im Juni 1767 eine Hundertschaft Jäger um sich und durchkämmte systematisch die gesamte Region. Unter ihnen war Jean Castel, der seine Waffe mit Silberkugeln geladen hatte. Er fand die Bestie, schoss zweimal und traf. Das bis dahin mordende Untier war auf der Stelle tot und das Bangen in der Region Gévaudan hatte nach drei Jahren des Grauens endlich ein Ende – soweit die Legende.

Der Stevensonweg führt rechts an der Markthalle vorbei zum Boulevard de Gaulle, den Sie überqueren. Wenden Sie sich nach links und biegen Sie nach etwa 50 m rechts in die Rue du Pont Vieux ab. Sie überqueren die schöne alte Brücke und folgen der GR-Beschilderung nach rechts. Kurz darauf stoßen Sie auf die Avenue Joffre (D906), laufen auf dieser etwa 150 m nach links und biegen oberhalb des kleinen Picknickplatzes rechts in die Rue du 11 Novembre 1918 ab.

💧 Ⲡ Am Picknickplatz gibt es eine Trinkwasserstelle.

„Moor, Heide, Striche mit Felsblöcken und Kiefern, Birkenwälder im Schmuck herbstlichen Goldes, hier und dort ein paar leere Hütten und öde Felder – das waren die Merkmale der Landschaft." R. L. Stevenson

Folgen Sie dieser Straße aufwärts. Sie passieren das Ortsausgangsschild und laufen an der nächsten Gabelung links, den Markierungen und Wegweisern folgend ❸. Nach etwa 1,1 km beschreibt die Asphaltstraße eine scharfe Linkskurve. Hier verlassen Sie diese auf einer Erdpiste, lassen einen Abzweig nach links unbeachtet und stoßen nach etwa 800 m auf eine weitere Erdpiste, der Sie nach rechts folgen. An der folgenden T-Kreuzung biegen Sie rechts ab und treffen später auf eine kleine Asphaltstraße, überqueren diese und laufen auf der Straße weiter in Richtung Monteils. Kurz vor Erreichen der Häuser biegen Sie links in einen Weg ab, an einer Gabelung halten Sie sich rechts. Der Weg führt zunächst in weiten Schlaufen durch schönen Wald hinab, steigt kurz an und trifft schließlich auf eine kleine Teerstraße. Hier gehen Sie rechts über die Brücke ❹ und folgen der stetig ansteigenden Straße nach **Saint-Flour-de-Mercoire**.

In Saint-Flour-de-Mercoire folgen Sie dem Sträßchen bis zur Gabelung an der Statue de Saint-Roch, hier biegen Sie nach links ab.

💧 Trinkwasserstellen befinden sich auf der rechten Straßenseite am alten Dorfofen.

Erst nach Passieren des Ortsausgangsschildes von Saint-Flour-de-Mercoire verlassen Sie die D71 und biegen rechts in den ansteigenden breiten Weg ab, von wo sich Ihnen beeindruckende Blicke zurück nach Pradelles bieten. Nahezu am Ortseingang von **L'Herm** treffen Sie erneut auf die Straße, folgen dieser und zweigen kurz darauf rechts in ein Sträßchen ab.

Restaurant-Hérbergement La Tartine de Modestine, L'Herm, 48300 St Flour de Mercoire, Christian Baldit, ☏ 04 66 69 12 54, artisanatdubois@hotmail.com, www.tartine-modestine.com, direkt am Stevensonweg, gemütliches Restaurant mit schöner Terrasse, leckere Brote unter Verwendung lokaler Produkte, Übernachtungsmöglichkeit in Jurte, sowie ein DZ und ein 4-Bett-Zimmer im Haus, Übernachtung je nach Art € 7 bis 25, Frühstück € 7, Halbpension € 43, Lunchpaket € 8, 1. April bis 15. Okt

Das Sträßchen steigt weiter an und wird zu einem breiten Erdweg. Auf einer Anhöhe angelangt treffen Sie am Waldrand des Bois de la Garde auf eine Schotterpiste. Dieser folgen sie ein kurzes Stück nach links, um sich anschließend rechts zu halten und der Piste durch den Wald zu folgen. An einer großen Wegkreuzung laufen Sie den Markierungen entsprechend geradeaus. Später, nach Überqueren eines Baches ❺, treffen Sie auf eine Straße, der Sie nach links zum Weiler **Sagne-Rousse** folgen. An dessen Ende biegen Sie rechts in einen Weg ab, der wieder durch Waldgebiet verläuft, drei Weidegatter passiert und in gerader Richtung auf **Fouzillac** zuläuft. Sie treffen auf eine Straße, die Sie durch die Ortschaft hindurchführt.

Kurz darauf laufen Sie durch **Fouzillic** und gelangen schließlich an eine Kreuzung. Hier wählen Sie den linken Abzweig, der durch deutliche Wegweiser gut zu erkennen ist ❻.

Wenn Sie im Hôtel de France in Chaudeyrac oder der Gîte Lo Barri de Meyssouzac übernachten, folgen Sie hier den Holzwegweisern geradeaus.

Der Weg führt hinab nach **Meissouzac**.

Nach links kämen Sie hier zur Gîte Lo Barri de Meyssouzac.

Gîte Lo Barri de Meyssouzac, 48170 Chaudeyrac, ☏ 06 32 16 19 74, lobarridemeyssouzac@gmail.com, 900 m vom Weg entfernt, zwischen Fouzillic und Chaudeyrac, 4 Zimmer mit 12 Betten, DZ € 80, Halbpension € 56, Lunchpaket € 9, , 10. April bis 15. Okt

Durchqueren Sie den Weiler, um kurz darauf links abwärts in einen schönen, kleinen, von Steinen abgegrenzten Weg einzubiegen. Nach einem kurzen steilen Anstieg treffen Sie auf einen breiten Erdweg, auf dem Sie rechts das Dorf **Chaudeyrac** erreichen. Halten Sie sich an den ersten Häusern links und laufen Sie an der Kirche vorbei. Die kleine Straße führt weiter abwärts, auf direktem Wege zum Hôtel de France, das Sie nach wenigen Metern erreichen.

Hôtel Restaurant de France**, 48170 Chaudeyrac Village, ☏ 04 66 47 91 00, tremoulet.yves@wanadoo.fr, 2,1 km vom Stevensonweg, an der RN88 gelegen, 30 Zimmer, gute regionale Küche, Spezialpreis für Stevenson-Wanderinnen und -Wanderer: Übernachtung für 2 Personen im DZ € 72, Frühstück € 12, Abendessen € 17, Halbpension € 74, Lunchpaket € 9, März bis Dez

☺ Das Hotel bietet für den nächsten Morgen einen kostenlosen Transfer nach Cheylard-l'Évêque an, um von dort direkt auf dem Stevensonweg weiterlaufen zu können. Bitte schon bei der Reservierung erfragen.

Nach dem Transfer nach Cheylard-l'Évêque ist die **Anschlussetappe** die ☞ 4. Etappe: Cheylard-l'Évêque – Bastide-Puylaurent.

Nach dem Linksabzweig erreichen Sie kurz darauf erneut eine Weggabelung, an der Sie geradeaus laufen. Der Weg verläuft zunächst eben, später seicht abwärts durch schönen, lichten Buchenwald. Auf einer weiten Hochebene gabelt sich der Weg und Sie laufen in einer Spitzkehre nach rechts ❼. Der Weg führt leicht abwärts durch Heide-, Ginster- und Karstlandschaft, um schließlich auf die D71 zu stoßen. Dieser folgen Sie nach rechts in die kleine Ortschaft **Cheylard-l'Évêque**.

Cheylard-l'Évêque ⇧ 1.120 m, 63 Ew.

Chambres et table d'hôtes/Gîte d'étape Le Refuge du Moure, Village, 48300 Cheylard-l'Évêque, Claudine und Patrick Ferreres, ☏ 04 66 69 03 21, Kontaktformular, www.lozere-gite.com, direkt am Stevensonweg, 34 Plätze, schönes, stimmungsvolles, altes Steinhaus. Das Essen ist sehr zu empfehlen und am nächsten Morgen erfreut ein Frühstücksbuffet. DZ inkl. Halbpension pro Person € 70, Übernachtung in der Gîte d'étape € 32, Frühstück € 7, Lunchpaket € 8, , April bis Okt

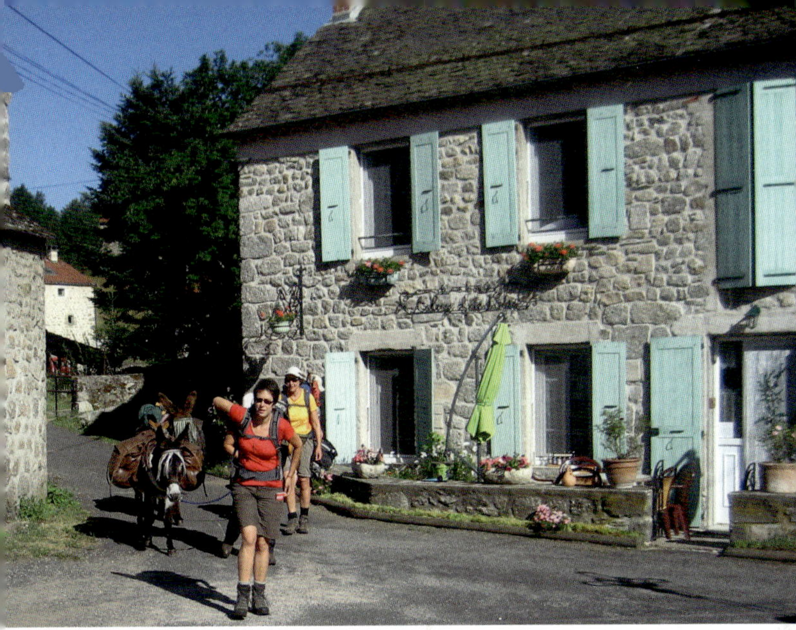

Die Gîte d'étape Le Refuge du Mourre (ph)

4. Etappe: Cheylard-l'Évêque – La Bastide-Puylaurent

31,4 km, 8 Std., 893 m, 992 m, 958-1.250 m

0,0 km	1.120 m	Cheylard-l'Évêque
7,6 km	1.212 m	Lac de Louradou
11,5 km	1.003 m	Luc WC (Abzweig Abkürzung)
16,3 km	974 m	Labrot
18,8 km	973 m	Laveyrune
24,1 km	1.223 m	Sommet d'Espervelouze (Abzweig Abkürzung)
27,9 km	1.085 m	Trappistenkloster Notre-Dame-des-Neiges
31,4 km	1.021 m	La Bastide-Puylaurent

Mit 31,4 km gehört die 4. Etappe zu einer der längsten des Fernwanderweges und ist auch von den Höhenmetern nicht zu unterschätzen. Nach 10 km mit zwei ordentlichen An- und Abstiegen erreichen Sie die Ruinen vom Château de Luc, von wo aus es über das beschauliche Dorf Luc weiter durch die Hügellandschaft bis hinauf zum Sommet d'Espervelouze auf 1.223 m geht. Mit dem Trappistenkloster Notre-Dame-des-Neiges wartet vor dem Erreichen des Ziels in La Bastide-Puylaurent noch ein historisches und eindrückliches Highlight auf Sie.

„Die Sonne trat hervor, als ich den Schutz eines Kiefernwaldes verließ und mein Blick plötzlich gen Süden auf eine schöne, wilde Landschaft fiel. Hohe, felsige Höhen, blau wie Saphir, begrenzten die Sicht, und dazwischen lag Grat um Grat, steil, heidekrautbewachsen (...)." R. L. Stevenson

Auf der D71 durchqueren Sie Cheylard-l'Évêque und überqueren die zwei Brücken. Sie verlassen die Straße kurz nach Passieren des Forsthauses, der Maison forestière, und biegen links in eine ansteigende Steinpiste ab. Sie gelangen an eine Gabelung, an der Sie links dem Hauptweg folgen, und treffen dann auf eine breite Forstpiste. Gehen Sie dort links hinab und folgen Sie dem Hauptweg. Nach etwa 400 m gabeln sich drei Wege, hier laufen Sie rechts weiter. Bleiben Sie immer auf dem Hauptweg, der durch herrlichen Laubwald in weiten Bögen hinabführt und schließlich auf eine Asphaltstraße trifft, der Sie nach rechts folgen ➊.

Etwa 150 m nach Überqueren eines Baches verlassen Sie die Straße nach rechts. Der Weg steigt steil an, quert einmal die Straße und beim zweiten Erreichen der Straße folgen Sie dieser nach links. Kurz bevor Sie zum Weiler **Espradels** gelangen, biegen Sie rechts auf eine Forststraße ab. An der ersten Weggabelung halten Sie sich links und gelangen etwas später in den Wald Forêt de la Gardille. An einem großen Holzschild mit Aufschrift „Forêt Domaniale de Mercoire" treffen Sie auf eine Schotterpiste ➋, der Sie in Laufrichtung geradeaus folgen, um etwa 375 m weiter links in einen kleinen Pfad einzubiegen, der Sie nach wenigen Metern zum kleinen, wunderschön gelegenen See **Lac de Louradou** führt.

☺ Dies ist ein wirklich traumhafter Ort, der mit einigen Bänken zum Verweilen und Rasten einlädt.

Folgen Sie dem kleinen Weg links am Seeufer entlang. Dieser trifft kurze Zeit später auf eine breite Forstpiste, der Sie nach links folgen. Kurz darauf halten Sie sich an der Weggabelung rechts und folgen dem Hauptweg, bis Sie später auf eine Asphaltstraße stoßen. Dieser folgen Sie in Laufrichtung für etwa 550 m. Etwa 40 m nach einer ausgeprägten Linkskurve zweigen Sie rechts in einen schmalen Pfad ab ➌. Dieser führt, die Straße kreuzend, zunächst hinab zur Burg von Luc.

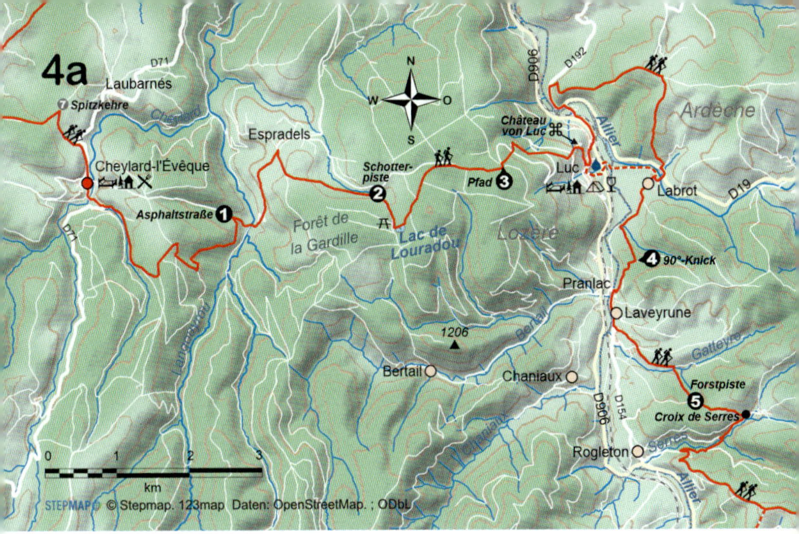

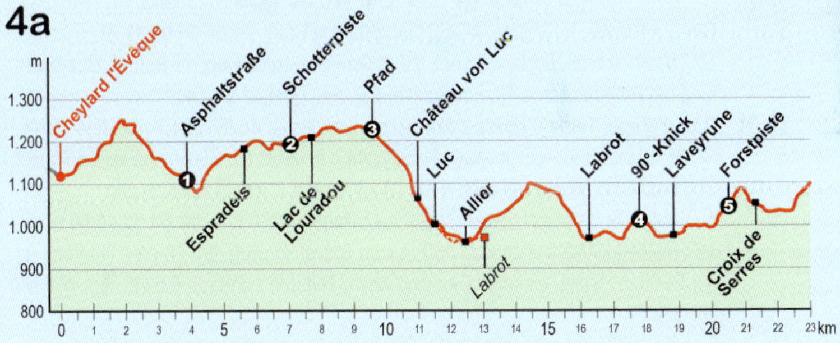

Das Château de Luc

Luc, aus dem Lateinischen „lucus" (= heiliger Hain) abgeleitet, ist einer der am frühesten besiedelten Orte der Region Gévaudan. Bereits die Keltinnen und Kelten feierten an der Stelle, wo heute die Burgruine steht, Kulte zu Ehren ihres Gottes Merkur. Nach ihm ist das angrenzende Waldgebiet benannt: Forêt du Mercoire. Im 12. Jh. wurde die Burganlage erbaut, die im Laufe der Zeit zu einem wichtigen militärischen Stützpunkt avancierte, in dem Fuß- und Reitergarnisonen stationiert waren, um von dort die Region Gévaudan zu verteidigen. Im Zuge des 30-jährigen Krieges wurde die Burg im Jahr 1630 unter Befehl des Kardinals

Richelieu zum ersten Mal geplündert und ein langsamer Verfall begann. 1878 wurde der Hauptturm der Burg in eine Kapelle verwandelt und auf diese eine große weiße Marienstatue gesetzt, die schon von Weitem sichtbar ist.

Heute lassen sich in den Ruinen der Burganlage immer noch sehenswerte Mauerwerkreste in der Technik des Opus-spicatum-Stils, einem dekorativen fischgrätenartigen Muster, entdecken.

Seit 1978 ist das Château de Luc als „monument historique" klassifiziert und der Verein „Les Amis du château de Luc" hat es sich zur Aufgabe gemacht, die Burg zu erhalten.

⌘ In den Monaten Juli/Aug besteht die Möglichkeit, eine kleine Ausstellung über die Region zu besuchen (Hauptgebäude), Eintritt frei. Informationen und Öffnungszeiten können Sie vorab im Office de Tourisme in Langogne erfragen.

Folgen Sie dem schmalen Weg, der rechts an der Burg vorbei ins gleichnamige Dorf führt, wo Sie bei den ersten Häusern auf eine kleine Asphaltstraße treffen.

Luc

⇧ 1.003 m, 206 Ew.

Gîte La Girolle, Le Village, 48250 Luc, Béatrice Brun, ☏ 04 30 09 11 21, beatrice.brun29@laposte.net, 70 m vom Stevensonweg, 11 Betten, Übernachtung mit Halbpension € 48, Lunchpaket € 9, März bis Okt

Gîte d'étape/ Table d'hôtes L'Amandine, Le Village, 48250 Luc, Amandine Martin, 06 40 60 50 52, mandou2109@yahoo.fr, direkt am Stevensonweg, 6 Plätze, Übernachtung mit Halbpension € 42, Lunchpaket € 9, April bis Okt

Aire naturelle de camping Les Galets, Le Village, 48250 Luc, ☏ 04 66 46 60 07, mairie.luc48@wanadoo.fr, 180 m vom Stevensonweg, am unteren Dorfrand an der D906, 5 Plätze, einfache Campingwiese, Zelt und 1 Person € 5,50, 1. Mai bis 30. Sep

Eine Bar mit leider unregelmäßigen Öffnungszeiten befindet sich unmittelbar am Stevensonweg an der D906.

Zug nach Langogne und La Bastide-Puylaurent, www.sncf-connect.com

☺ Die Strecke von Luc nach Labrot kann um 3,2 km gekürzt werden: Es existiert ein sehr schöner, nur 1,6 km langer Weg, der allerdings nicht in Begleitung von Eseln begangen werden kann, da eine schmale Holzbrücke überquert wird.

Sie folgen dafür der kleinen Asphaltstraße hinunter durch das Dorf **Luc** und gelangen etwa 150 m vor der gut sichtbaren Kirche an eine Straßengabelung.

💧 Hier befindet sich links unten an der Straßenmauer ein Wasserhahn mit Trinkwasser (kleines Hinweisschild „eau potable").

An dieser Straßengabelung zweigen Sie links hinab in das Sträßchen und stoßen auf die D906. Sie überqueren diese, laufen gegenüber den breiten Erdweg hinunter, unterqueren die Bahngleise und stoßen bald auf eine Brückenruine. Hier wenden Sie sich nach links, passieren die kleine Holzbrücke (nicht für Esel geeignet!) und folgen dem schönen Grasweg zwischen Ginster hindurch. Sie gelangen dann bei einem Haus auf eine kleine Asphaltstraße, die bereits wieder zum Stevensonweg gehört. Dieser folgen Sie in Laufrichtung durch den Weiler **Labrot**.

Sie folgen der kleinen Asphaltstraße nur etwa 30 m und biegen dann bei deutlichen Wegweisern vor einer Trockensteinmauer links in einen Grasweg ab. Sie stoßen dann auf die Dorfstraße, wenden sich nach links, passieren die Mairie und zweigen nach einer kleinen Grünfläche rechts das steile Sträßchen hinab zur D906.

💧 Hier befindet sich eine Trinkwasserstation, Picknickbänke und ein öffentliches WC.

Die D906 überqueren Sie und folgen der D519 in Richtung Aubenas. Nach Überqueren des Flusses Allier halten Sie sich links (D192) und verlassen die leicht ansteigende Straße in einer ausgedehnten Kurve: Es geht rechts in einen breiten Waldweg, der in Schlaufen hinauf zu einem Wiesenplateau führt. Hier folgen Sie der Piste und der rot-weißen Markierung in einem weiten Linksbogen in den Wald. Sie bleiben stets auf dem breiten Hauptweg, der zunächst hinauf-, dann leicht hinabführt, und erreichen schließlich eine Wegkreuzung. Sie zweigen nach rechts in Richtung Laveyrune ab und gelangen nach teils steilem Gefälle zur D19. Auf dieser gehen Sie wenige Meter nach links, wenden sich die erste Straße nach rechts in Richtung Labrot und überqueren die Brücke.

Dem Sträßchen folgend durchqueren Sie den Weiler **Labrot** und erreichen eine Weggabelung mit Wegweisern, wo Sie sich rechts halten. Vor einer großen Weidewiese verlassen Sie die Erdpiste und zweigen links in einen ansteigenden Weg ab, der bald am Waldrand entlangführt und dann einen 90°-Knick nach rechts beschreibt ❹. Der Weg trifft schließlich auf die Dorfstraße von **Laveyrune**, der Sie nach links folgen. Sie durchqueren das lang gestreckte Dorf und zweigen etwa 100 m nach Passieren der Mairie bei deutlichen Wegweisern links das Asphaltsträßchen hinauf. Auf einer Anhöhe mündet das Sträßchen in eine große Wegkreuzung – Sie halten sich halb rechts. An der kommenden Weggabelung wenden Sie sich ebenfalls nach rechts. Es geht nun eine steile Forstpiste durch Ginsterlandschaft hinauf, einen Rechtsabzweig lassen Sie außer Acht ❺ und laufen geradeaus in Richtung Wald. Nach einem weiteren kurzen Steilanstieg führt Sie der Weg hinab zu einer kleinen Straße mit Wegweisern. Sie befinden sich nun an der Croix de Serres. Folgen Sie der Straße für etwa 400 m nach rechts und verlassen Sie sie in einer Rechtskurve, um links hinab in einen breiten Steinweg abzubiegen. Kurz darauf passieren Sie einen breiten Holzsteg und folgen dem Weg durch schönes Waldgebiet bis zu einer Gabelung. Hier gehen Sie in Laufrichtung geradeaus auf dem Sträßchen weiter. Kurz darauf, bei deutlichen Wegweisern, biegen Sie in einer Spitzkehre links hinauf in den breiten Steinweg ab. Der stetig ansteigende Weg tritt aus dem Wald, Sie unterqueren eine Hochspannungsleitung und halten sich an der kommenden Weggabelung links. Sie treffen auf einen weiteren Weg und folgen diesem in Laufrichtung aufwärts. Ignorieren Sie Links- und Rechtsabzweige und laufen Sie immer bergauf, parallel zu der Hochspannungsleitung. Oben auf dem **Sommet d'Espervelouze** (1.223 m) angekommen ❻ werden Sie mit einem fantastischen Ausblick über das Alliertal belohnt. Bei den Hinweisschildern befindet sich eine kleine Übersichtskarte mit den unterschiedlichen Wanderwegen.

☺ ↳ Wer auf direktem Wege nach La Bastide-Puylaurent gehen möchten, dem empfehle ich die 2,8 km kurze Variante bis zum Etappenziel. Am Sommet d'Espervelouze wenden Sie sich nach rechts und folgen dem zunächst steilen Steinweg hinab. Einen ersten Linksabzweig lassen Sie außer Acht und einen breiten Rechtsabzweig ignorieren Sie kurz darauf ebenfalls. An einer Wegkreuzung gehen Sie geradeaus weiter, folgen stets dem breiten Forstweg nach links und gelangen nach insgesamt 1,3 km bei dem **Gehöft La Courège** an eine Weggabelung. Hier treffen Sie wieder auf die Hauptroute des Stevensonweges und gehen rechts, den Wegweisern entsprechend, weiter in Richtung Bastide. Kurze Zeit später trifft der Erdweg auf ein asphaltiertes Sträßchen, dem Sie in Laufrichtung geradeaus folgen. Nach etwa 250 m zweigen Sie rechts hinab in einen steinigen Pfad, der Sie direkt nach **La Bastide-Puylaurent** führt. Bei den ersten Häusern folgen Sie der Asphaltstraße hinunter in die Dorfmitte.

Auf dem Hauptweg laufen Sie links den seicht abwärtsführenden Forstweg weiter, der in eine kleine Lichtung mündet, auf der sich links eine Art Doppelkreuz befindet. Sie folgen dem Hauptweg geradeaus. Der Weg führt seicht hinab und in einer lang gezogenen Linkskurve können Sie rechts von Weitem die Klosteranlage Notre-Dame-des-Neiges erkennen. Diese scheint zum Greifen nah, ist jedoch noch 2,6 km entfernt. Den nachfolgenden Linksabzweig ignorieren Sie, an

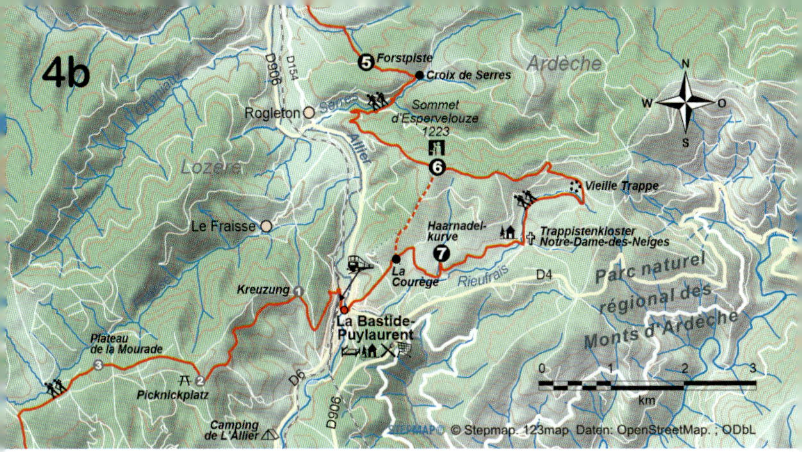

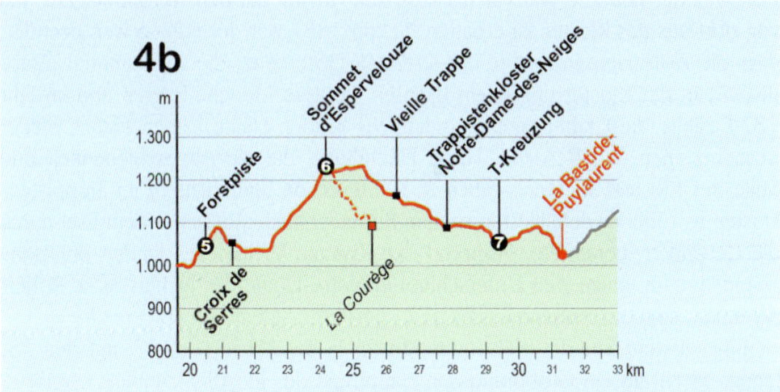

der kommenden deutlichen Weggabelung wenden Sie sich nach links und folgen dem leicht ansteigenden Weg (weiß-rote Markierungen). Etwas weiter, an der Weggabelung Bois de Serre, treffen Sie auf Wegweiser und einen weiteren Weg, den Sie rechts hinabgehen. Etwa 120 m weiter erreichen Sie eine Wegkreuzung, an der Sie links weiterlaufen, und stoßen kurz darauf auf einen breiten Forstweg. Vor Ihnen befinden sich die Überreste des ehemaligen Trappistenklosters (Vieille Trappe).

„(…) denn ich war jetzt unweit meines seltsamen Ziels, des Trappistenklosters Notre-Dame-des-Neiges angelangt. (…) und eine viertel Meile weiter, wo sich der Blick nach Süden öffnete und mit jedem Schritt ausdrucksvoller wurde, wies eine weiße Madonnenfigur an der Ecke einer jungen Schonung dem Reisenden

den Weg (...). Hier bog ich nun links ab und ging weiter, meinen weltlichen Esel in knarrenden weltlichen Stiefeln samt Gamaschen vor mir hertreibend, auf das Asyl des Schweigens zu." R. L. Stevenson

Hier verläuft der Stevensonweg nach links, Sie passieren eine weiße Madonnenstatue und wenden sich an den nachfolgenden zwei Weggabelungen jeweils rechts hinab. Die breite Forstpiste führt schließlich auf den Parkplatz der Klosteranlage Notre-Dame-des-Neiges.

Das Trappistenkloster Notre-Dame-des-Neiges

Das von Wald und Wiesen umgebene Trappistenkloster Notre-Dame-des-Neiges wurde am 5. August 1850 nach einer großzügigen Grundstücksschenkung gegründet. Eine kleine Gruppe von Mönchen des Klosters Notre-Dame-d'Aiguebelle aus der Diözese von Valence zog kurz darauf auf den Hof La Felgère, um von dort aus das Kloster zu erbauen. Schon 1861 war der Bau so weit beendet, dass die Zisterziensermönche der strengen Observanz, die sogenannten „Trappisten", in das Kloster umsiedeln konnten. Weitere Mönche folgten und im Jahr 1874 zählte die Glaubensgemeinschaft 90 Brüder. Hinzu kamen immer wieder Besucherinnen und Besucher sowie Flüchtlinge, die die Abgeschiedenheit und Stille des Klosters suchten – auch R. L. Stevenson übernachtete im Trappistenkloster, worüber er detailliert in seinem Reisetagebuch „Reise mit dem Esel durch die Cévennen" berichtete. Während des Zweiten Weltkrieges fanden politische Flüchtlinge für einige Zeit Unterschlupf in Notre-Dame-des-Neiges, u. a. Robert Schuman, späterer Außenminister und Ministerpräsident von Frankreich.

Eine düstere Stunde erlebte das Kloster in der Nacht vom 27. auf den 28. Januar 1912, als ein Großbrand den Haupttrakt des Klosters komplett zerstörte. Unter Verwendung der alten Klostersteine wurde die imposante Hauptfassade originalgetreu wieder aufgebaut. Der Wiederaufbau dauerte insgesamt zwei Jahre. Weitere Baumaßnahmen fanden in den Jahren 1959 bis 1982 statt: Die Klosteranlage wurde durch mehrere Nebengebäude erweitert, u. a. durch das Gästehaus La Maison de Zachée, das religiösen Gruppen, Wandernden und Ruhesuchenden die Möglichkeit bietet, in der Abgeschiedenheit des Klosters zu übernachten und am monastischen Leben teilzunehmen.

Ihren Lebensunterhalt verdiente sich die Klostergemeinschaft mit Landwirtschaft und seit 1900 vor allen Dingen mit der Weinproduktion. Die Weintrauben stammten aus dem Midi, die dann im Kloster zu einem geschätzten Mess-, Tafel- und Schaumwein mit Namen „Fleur des Neiges" verarbeitet wurden. Im Zuge der Weltwirtschaftskrise musste die Klostergemeinschaft ihre Weinproduktion jedoch 2006 aufgeben.

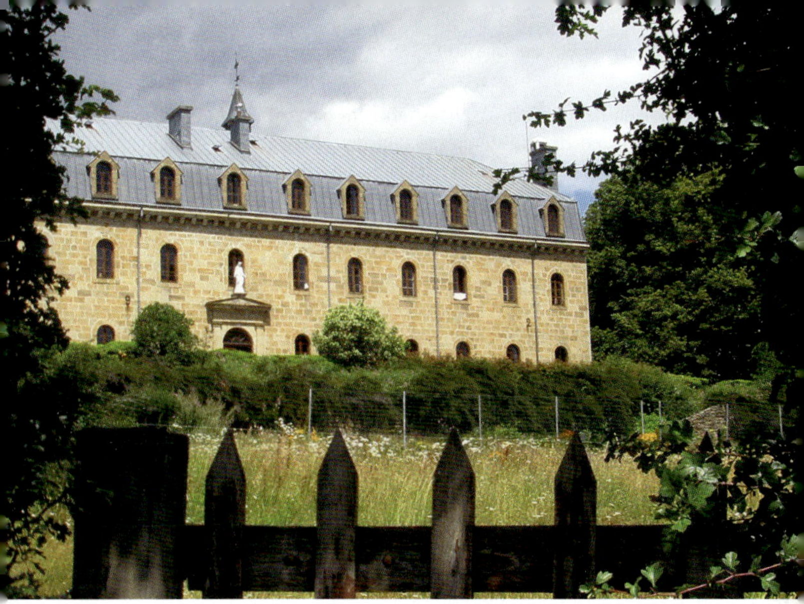

Das Trappistenkloster Notre-Dame-des-Neiges (vk)

Heute leben im Trappistenkloster Notre-Dame-des-Neiges noch etwa 40 Zisterziensermönche der strengen Observanz, deren Ursprung auf das gegen Ende des 11. Jh. in Burgund gegründete Kloster Cîteaux zurückgeht. Der Orden befolgt die Regeln des heiligen Benedikt von Nursia und gehört zu den asketischen und kontemplativen Orden der katholischen Kirche. Der Tagesablauf ist von Gebet, Lektüre und Arbeit bestimmt und die Schweigsamkeit gehört zu den herausragenden monastischen Werten dieses Ordens: So essen und arbeiten die Mönche in völliger Stille.

Hôtellerie monastique de l'Abbaye Notre-Dame-des-Neiges, Gästehaus La Maison de Zachée, 07590 Saint Laurent-les-Bains, ☏ 04 66 46 59 00 (erreichbar 10:00 bis 11:30 und 15:00 bis 18:00), walkers@ndneiges.org, www.notredamedesneiges.com, direkt am Stevensonweg, mindestens 41 Plätze in 2-Bett-Zimmern, Dusche/WC auf dem Gang, , , gegen angemessene Spende und alle helfen mit. Frühstück und Abendessen sind inbegriffen. Ein schön gelegener, stimmungsvoller Ort inmitten von Wiesen und Wäldern, der zur stillen Einkehr einlädt. Das Kloster ist eine sehr gefragte Unterkunft, die auch gerne von Gruppen genutzt wird, daher unbedingt frühzeitig reservieren! 4. April bis 30. Okt, Di geschlossen, Ankunft ab 17:00

Sie folgen dem kleinen Asphaltsträßchen, das zwischen der Kapelle (auf der linken Seite) und der Klosteranlage (auf der rechten Seite) hindurchführt. Die Straße verläuft entlang der Klostermauern und führt etwas später leicht hinab. Etwa 150 m nach einer Haarnadelkurve ❼ gehen Sie an der T-Kreuzung nach rechts.

Sie erreichen einen Bauernhof und biegen kurz davor rechts in einen breiten Erdweg ab. Dieser führt zunächst entlang eines Feldes, dann entlang des Waldrands in einer weiten Linkskurve zu einem weiteren alten Steinhof, dem **Gehöft La Courège**. Nach Passieren des Hofes gehen Sie an der Weggabelung geradeaus in Richtung Bastide (Wegweiser). Kurze Zeit später trifft der Erdweg auf ein asphaltiertes Sträßchen, dem Sie in Laufrichtung geradeaus folgen. Nach etwa 250 m zweigen Sie rechts hinab in einen steinigen Pfad ab, der Sie direkt nach **La Bastide-Puylaurent** führt. Bei den ersten Häusern folgen Sie der Asphaltstraße hinunter in die Dorfmitte.

La Bastide-Puylaurent

⇧ 1.021 m, 170 Ew.

Mairie, La Bastide-Puylaurent 48250, ☏ 04 66 46 12 83, tourisme-labastide48@orange.fr, www.bastide-puylaurent.fr, Mo bis Mi 15:30 bis 18:00, Do bis Sa 9:30 bis 12:00

Hôtel* Restaurant La Grand'Halte, Rue des Tilleuls, 48250 La Bastide-Puylaurent, ☏ 04 66 46 00 35, lagrandhalte@live.fr, www.hotel-lagrandhalte.fr, direkt am Stevensonweg, Dorfmitte, 20 Zimmer, Hotel mit guter regionaler Küche, Übernachtung im Zimmer für 2 Personen ab € 60, Schlafsaal € 27, Frühstück € 9,50, Abendessen ab € 18,50, Halbpension je nach Zimmerbelegung pro Person € 48 bis 75, Lunchpaket € 11, , 11. April bis 31. Okt

♦ **Hôtel Restaurant Les Genêts**, Rue de Tilleuls, 48250 La Bastide-Puylaurent, Sylvie Besse, ☏ 04 66 46 00 13, 06 26 01 44 54, hotelgenets@hotmail.fr, direkt am Stevensonweg, Dorfmitte, 22 Betten in 10 Zimmern, einfaches Familienhotel mit regionaler Küche, Übernachtung für 2 Personen im DZ ab € 48, Frühstück € 8,50, Abendessen ab € 18, Halbpension ab € 53, , März bis Mitte Okt

Chambres et table d'hôtes/Gîte d'étape L'Étoile, Route de Mende, 48250 La Bastide-Puylaurent, Philippe Papadimitriou, 06 83 99 70 86, papadimitriou4@hotmail.com, www.etoile.fr, 90 m vom Stevensonweg, nahe dem Bahnhof gelegen, ehemaliges 1926 erbautes Sommerferienhotel mit schönem Park zum Erholen, familiäre Atmosphäre, 15 Plätze, große, komfortable Zimmer und gutes Essen, nur als Halbpension buchbar, Halbpension mit Übernachtung im DZ pro Person € 75, **Gîte**: Halbpension mit Übernachtung im 7-Bett-Zimmer € 50, Lunchpaket € 8, 15. Juni bis 15. Sep, Ankunft ab 15:00

Camping* de L'Allier**, Route de Mende, 48250 La Bastide-Puylaurent, 04 66 46 04 06, campingdelallier@orange.fr, www.camping-de-lallier.fr, 2 km vom Stevensonweg entfernt, der Route de Mende (D6) für 1,8 km folgen, der Campingplatz befindet sich auf der linken Seite, 60 Stellplätze, Zelt und 1 Person € 10,50, Mobile Home für bis zu 4 Personen € 75, Frühstück € 6, schöner, grüner Campingplatz, direkt am Fluss gelegen, mit traumhafter Bademöglichkeit, Kanuverleih, Snack, Bar, Restaurant, Mai bis Okt

nach Clermont-Ferrand oder Nîmes (mehrmals täglich), www.sncf-connect.com

5. Etappe: La Bastide-Puylaurent – Chasseradès

12,2 km, 3 Std. 15 Min., ↑ 382 m, ↓ 240 m, ⇧ 1.021-1.312 m

0,0 km	⇧ 1.021 m	La Bastide-Puylaurent
8,8 km	⇧ 1.139 m	Chabalier
12,2 km	⇧ 1.163 m	Chasseradès

Auf den ersten 4 km der Etappe geht es 300 Höhenmeter hinauf bis zum Plateau de la Mourade, vom dem Sie einige Kilometer später den Abstieg nach Chabalier einschlagen und auf dem schönen alten Verbindungsweg nach Chasseradès laufen. Mit 12,2 km ist das die kürzeste Etappe des Weges.

„Die Straße verlief eine Weile über die Hochfläche und senkte sich dann durch ein Dorf am Hang in das Tal des Chassezac. Dieser Bach rinnt zwischen grünen Wiesen und war durch seine steilen Ufer den Blicken entzogen. Der Ginster stand in Blüte, und da und dort schickte ein Gehöft seinen Rauch gen Himmel."

R. L. Stevenson

In der Dorfmitte folgen Sie der D6 nach rechts in Richtung Mende. Nach Überqueren der Brücke halten Sie sich rechts, passieren den Bahnhof und überqueren bald die Bahngleise. Kurz darauf zweigen Sie rechts in das steil ansteigende Sträßchen ab, das später zu einer Erdpiste wird. Nach etwa 1,3 km gelangen Sie an eine Kreuzung, an der Sie sich links halten ❶. Später, an einem kleinen Picknickplatz, gabelt sich der Weg ❷. Biegen Sie nach rechts ab und folgen Sie immer dem Verlauf des Hauptweges. Dieser führt auf das **Plateau de la Mourade**, rechts an einem Sendemasten vorbei ❸. 400 m nach Passieren des Sendemastes stoßen Sie auf eine große Weggabelung, an der Sie links laufen, kurz darauf halten Sie sich rechts. Sie erreichen den Wald Forêt Dominiale de la Gardille. Etwas später kommen Sie an eine große Kreuzung, ↳ rechts gelangen Sie nach 150 m zum markanten Felsen Rocher de la Réchaubo, links setzt der GR 70 seinen Weg hinab nach **Chabalier** fort. Nach dem Passieren einiger Wohnhäuser biegen Sie rechts in die Asphaltstraße ein ❹, die kurz darauf über den Fluss Allier führt. Nach einem kurzen Anstieg zweigen Sie rechts in einen breiten Wiesenweg, passieren ein Bächlein und lassen Abzweigungen außer Acht. Dieser schöne alte Verbindungsweg mündet in eine Asphaltstraße.

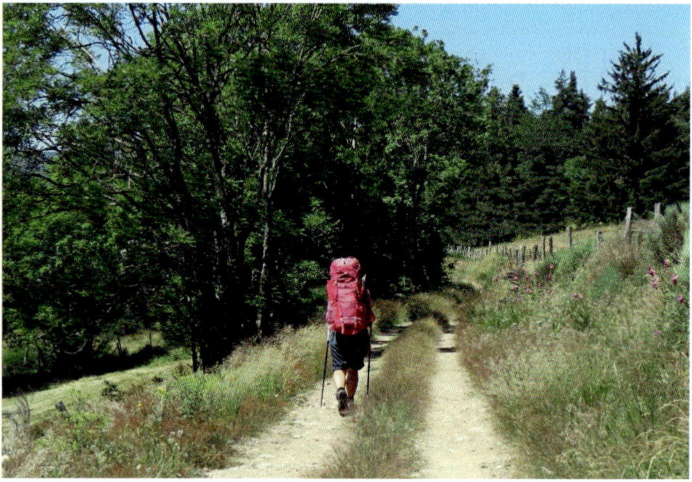

Auf schönem Weg kurz hinter Chabalier (vk)

↳ Wer auf dem Camping Ferme de Prat Claux übernachtet, biegt hier nach rechts und erreicht den Hof nach nur 200 m.

Aire naturelle de camping Ferme de Prat Claux, 48250 Mont Lozère et Goulet, Marc Saint-Jean, ☏ 04 66 46 06 64, fermedepratclaux@orange.fr, www.fermedepratclaux.e-monsite.com, 200 m vom Stevensonweg, 15 Stellplätze, Sanitäranlagen, Aufenthaltsraum mit Kamin und Kühlschrank, pro Person € 6, Mobile Home für 4 oder 6 Personen € 60, Übernachtung im Wohnwagen € 30 pro Person, 1. Mai bis 15. Okt

Dem Stevensonweg folgen Sie nach links und schon nach 200 m biegen Sie rechts auf die D6 und passieren wenig später die Les Airelles Gîte d'hôtes/Gîte d'étape.

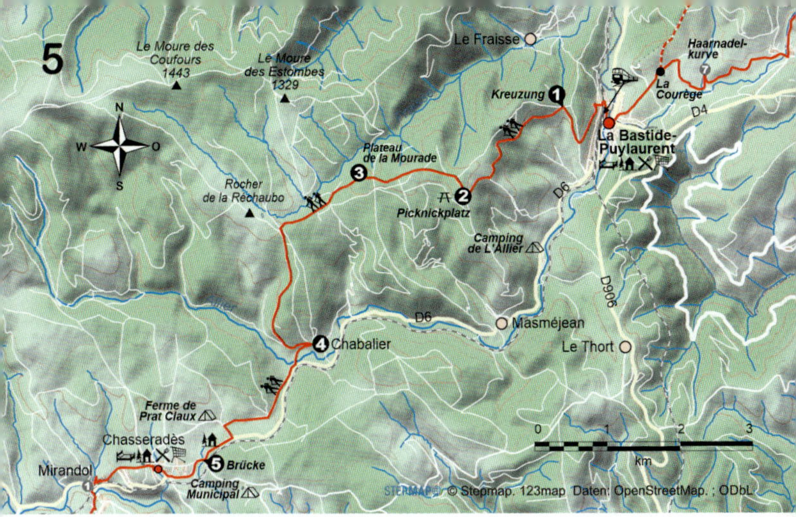

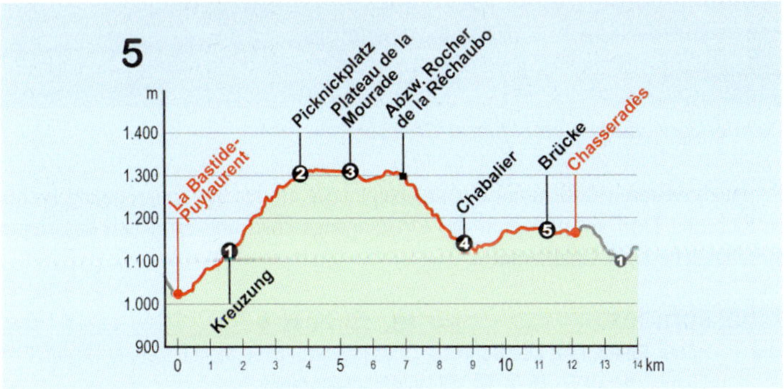

Der Stevensonweg verläuft an der Straßengabelung rechts über die Brücke ❺ und Sie laufen nach etwa 400 m an dem sich auf der rechten Seite befindenden Hotel Les Sources vorbei.

⌘ **Schneeverwehungstunnel**: Auf der linken Seite sehen Sie einen Eisenbahntunnel, der typisch für diese Region ist, die im Winter von Schnee und Wind stark angegriffen wird. Die Tunnel werden in Mulden und an Hänge gebaut, die sich in extremen Windschneisen befinden und durch Schneeverwehungen aufgefüllt würden. Zwischen Chasseradès und Mirandol laufen Sie direkt an einem weiteren Schneeverwehungstunnel vorbei.

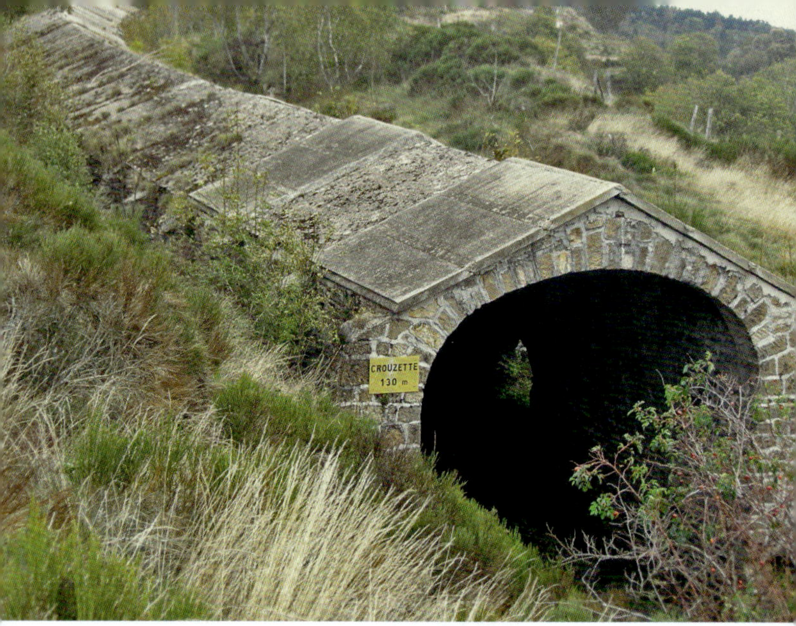

Schneeverwehungstunnel hinter Chasseradès (vk)

Nach weiteren 250 m auf der D6 biegen Sie an der Straßenkreuzung rechts in Richtung Dorf ab, passieren das Ortseingangsschild und erreichen das kleine beschauliche Dorf **Chasseradès**.

Chasseradès ⇧ 1.163 m, 147 Ew.

Hôtel* Restaurant Les Sources, Chasseradès, 48250 Mont Lozère et Goulet, Éric Chaptal, ☎ 04 66 46 01 14, info@hotel-lozere.fr, www.hotel-lozere.fr, direkt am Stevensonweg, 500 m vor Erreichen der Dorfmitte, 30 Betten, großzügige Zimmer, gute regionale Küche, Übernachtung für Wanderinnen und Wanderer (Halbpension) für DZ ab € 65 p. P., 4-Bett-Zimmer € 55 p. P., Abendessen ab € 18, Lunchpaket € 10, , , 20. März bis 31. Okt

♦ **Chambres et table d'hôtes Le Relais de Modestine**, Village, 48250 Chasseradès, Ghislaine et Patrice Surget, ☎ 04 66 46 29 16, 06 69 52 75 90, lerelaisdemodestine@gmail.com, www.lerelaisdemodestine.fr, direkt am Stevensonweg, 14 Betten in 5 Zimmern, gemütliches, schönes, altes Steinhaus mit Wohlfühlatmosphäre, ausgezeichnete Küche, Übernachtung mit Frühstück für 2 Personen im DZ € 95, 3-Bett-Zimmer € 140, 4-Bett-Zimmer € 185, Halbpension für 1 Person € 85, für 2 Personen € 130, , März bis Sep, Ankunft ab 16:00

Les Airelles Gîte d'hôtes/Gîte d'étape, Route de la Gare, 48250 Mont Lozère et Goulet, Virginie und Fréderic Fort, 06 86 61 66 60, lesairelles48@gmail.com, www.lesairelles48.fr, direkt am Stevensonweg, 15 Plätze, sehr schöne Zimmer im familiären Ambiente, DZ mit Halbpension € 110, Lunchpaket € 9, 15. April bis 13. Okt

Camping Municipal, 48250 Mont Lozère et Goulet, 06 49 59 06 65, campingmuncipalchasserades@orange.fr, 800 m vom Stevensonweg entfernt, an der Straßengabelung ❺ vor der Brücke links dem Schild „Camping Municipal" folgen, 50 Stellplätze, sehr gepflegte Sanitäranlagen, pro Person € 8,30, 1. Mai bis 30. Sep

Le Panier Gourmand, Village, 48250 Mont Lozère et Goulet, kleiner Lebensmittelladen mit Brotdepot, Imbiss und Café, Mo/Di/Mi/Fr/Sa 8:00 bis 14:00 und 16:30 bis 19:30 (Do geschlossen), So 8:00 bis 14:00

6. Etappe: Chasseradès – Le Bleymard

17,1 km, 4 Std. 25 Min., ↑ 514 m, ↓ 606 m, 1.071-1.414 m

0,0 km	1.163 m	Chasseradès
6,2 km	1.413 m	Abzweig nach Les Bonnetès
15,0 km	1.183 m	Les Alpiers
17,1 km	1.072 m	Le Bleymard

Die Etappe führt von Chasseradès aus über kleine Straßen und Wege weiter durch dichten Buchenwald stetig bergauf bis auf 1.400 Höhenmeter. Sie steigen hinunter zu den Ruinen des Dorfes Serreméjan und passieren den Abzweig zur Lotquelle, um weiter hinab über den kleinen Weiler Les Alpiers über breite Forstwege nach Le Bleymard zu gelangen.

„Schließlich überquerte der Weg den Chassezac auf einer Brücke und verließ die tiefe Senke, um die Höhen des Goulet zu erklimmen. Er wand sich hinauf durch L'Estampe inmitten von Äckern und Birken- und Buchenwäldchen und verschaffte mir an jeder Biegung die Bekanntschaft mit etwas Neuem, Interessantem." R. L. Stevenson

In Chasseradès folgen Sie der kleinen Straße über die Brücke und biegen in das nächste Sträßchen rechts hinauf ab. Wenige Meter weiter geht es links an der Kirche vorbei in Richtung Friedhof.

🌢 Eine Trinkwasserstelle gibt es am Friedhof.

1 km weiter gelangen Sie hinab nach **Mirandol** mit dem imposanten Viadukt zur Linken.

Sie nutzen die Unterführung der D6 ❶ und nach wenigen Metern biegen Sie an der T-Kreuzung links in das Sträßchen ab, um kurz darauf das Eisenbahnviadukt zu unterqueren. Der GR 70 führt Sie weiter über die Brücke und verlässt am Ende des Weilers die kleine Straße. Es geht nun rechts hinauf in einen Weg, der unmittelbar nach links abzweigt und zunächst über Felsen verläuft. An der Wegkreuzung gehen Sie rechts weiter und folgen dem schönen Wiesenweg. Dieser verläuft ein kurzes Stück parallel zu den Bahngleisen und bringt Sie zum Weiler **L'Estampe**. Folgen Sie der Asphaltstraße etwa 150 m nach rechts abwärts bis zum Ende einer ausgeprägten Rechtskurve. Sie stoßen auf eine Straße und gehen diese links hinauf, um kurz darauf den Weiler zu verlassen ❷. Die Straße beschreibt mehrere Kurven und Sie erreichen ein kleines Wasserreservoir, an dem Sie sich rechts in einen steinigen Erdweg in Richtung Wald wenden. An der ersten Gabelung halten Sie sich links und folgen dem Verlauf des Hauptweges. Sie steigen steil durch wunderschönen Buchenwald bergauf. An einem Forstweg angelangt biegen Sie nach links ab und treffen kurz darauf auf eine Teerstraße, der Sie nach rechts folgen ❸.

Nach etwa 1,2 km zweigen auf der linken Seite mehrere Wege ab. Hier wählen Sie den zweiten Weg, eine kleine Forststraße, um nach Les Alpiers zu gelangen.

☺ ↳ Wenn Sie in der schönen Gîte d'étape/Chambres et table d'hôtes l'Escoutal in **Les Bonnetès** übernachten, folgen Sie hier der Asphaltstraße geradeaus und folgen nun der ☞ Variante der 6. Etappe: Chasseradès – Les Bonnetès – Le Bleymard, S. 101.

Sie passieren eine Holzschranke und folgen der Forststraße bis zur ersten deutlichen Gabelung. Hier laufen Sie rechts in den abwärtsführenden Weg, bis Sie an eine Wegkreuzung gelangen und geradeaus weiter bergab gehen. Einen Abzweig auf der linken Seite lassen Sie außer Acht, wenige Meter weiter biegen Sie an einer kleinen Lichtung scharf nach rechts ab. Der Weg führt an Häuserruinen des ehemaligen Weilers **Serreméjan** ❹ vorbei und gabelt sich kurz darauf. Sie laufen links, der Weg steigt zunächst steil an und beschreibt eine scharfe Linkskurve.

An der nächsten Weggabelung halten Sie sich rechts. Nun folgen Sie dem seichter ansteigenden Hauptweg, der mehrere weite Kurven beschreibt (kleines

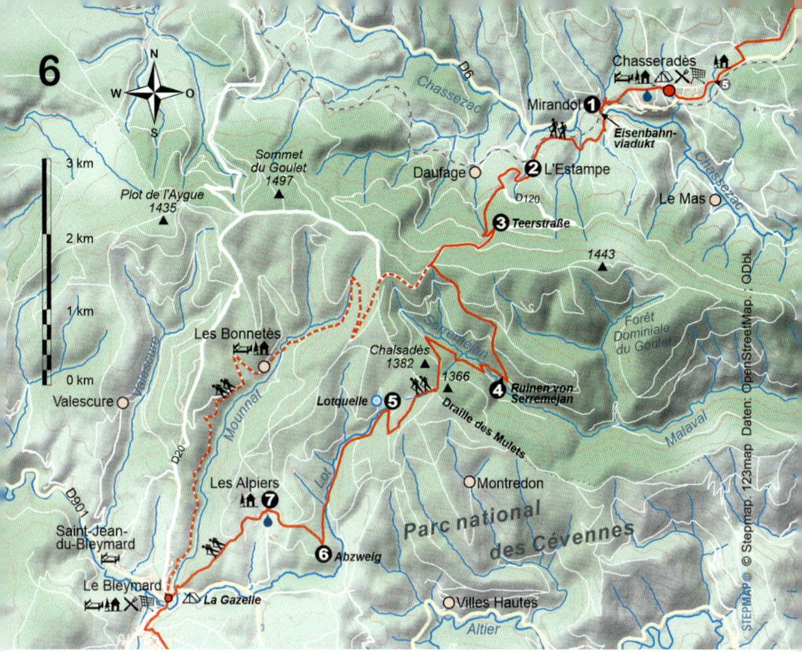

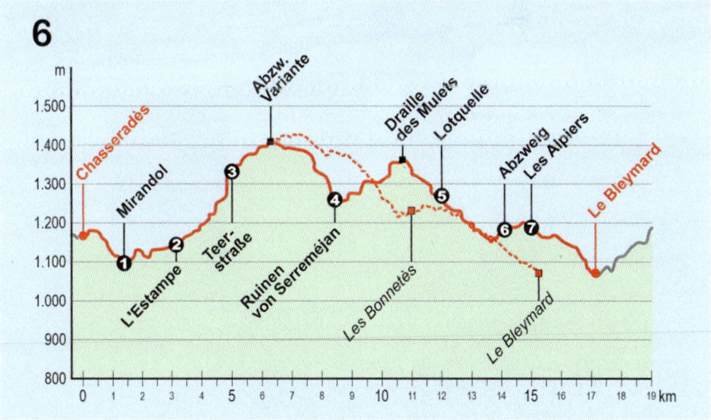

Hinweisschild). Sie gelangen auf eine Anhöhe, passieren eine Holzschranke und biegen an der unmittelbar folgenden großen Kreuzung rechts ab. Diese breite Piste ist die Draille des Mulets, ein Weg, der heute noch von Wanderschäferinnen und -schäfern und ihren Herden genutzt wird. Schräg gegenüber biegen Sie links in einen schmalen, zunächst steil abwärts verlaufenden Waldweg ab, der zur Lotquelle führt. Nach einer scharfen Linkskurve geht es durch wunderschönen lichten Mischwald. An der nächsten Weggabelung folgen Sie dem deutlichen Wegweiser „GR 70" nach rechts. Nach etwa 150 m treffen Sie auf einen weiteren Weg, dem Sie rechts hinab folgen. Bleiben Sie auf dem Hauptweg und ignorieren Sie einen Rechtsabzweig, der in etwa 200 m zur Lotquelle führt ❺. In einer markanten Linkskurve verengt sich der Weg zu einem schmalen Pfad und stößt später auf einen breiten Forstweg, auf dem Sie rechts abwärts weiterlaufen.

Nach Überqueren eines kleinen Baches steigt der Weg erneut an und trifft am Waldrand auf einen breiteren Weg ❻, in den Sie rechts einbiegen. Dieser Weg gelangt schließlich auf eine kleine Teerstraße.

Von hier ist der Gebirgszug des Mont Lozère deutlich zu erkennen, der sich mit seinen kahlen Gipfeln und den sanften Reliefformen linker Hand vor Ihnen erhebt.

Der Stevensonweg folgt der Straße links hinab zum kleinen Weiler **Les Alpiers** ❼.

Idylle am Wegesrand (vk)

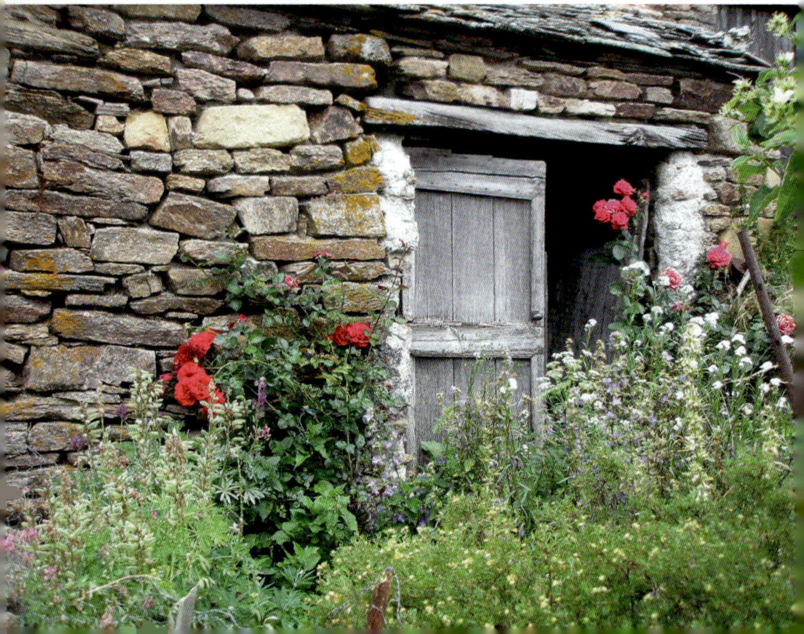

Sie durchqueren den kleinen, verträumten Weiler. Die Straße beschreibt eine Linkskurve und unmittelbar danach an einer Straßengabelung laufen Sie rechts in Richtung Steinkreuz.

Wenn Sie der Linkskurve noch ein Stück weiter folgen, befindet sich auf der linken Seite ein Trinkwasserstelle.

Sie passieren eine Unterkunft am Weg.

Gîte d'étape, tipi et table d'hôtes Loz'air Randonnées, Les Alpiers, 48190 Cubières, Myriam Rocher, ☏ 04 66 48 67 02, 06 74 58 64 67, contact@lozair.net, www.lozair.net, direkt am Stevensonweg, 18 Plätze in kreativen Unterkünften von Tipi-Zelt bis Baumhaus-Spa, Kochgelegenheit, Übernachtung ab € 26, Frühstück € 8, Halbpension € 56, Lunchpaket € 8, Myriam bietet geführte Wander-, Running- und Mountainbiketouren an, 1. Jan bis 15. Okt

Die Teerstraße wird zu einer Schotterpiste, die in leichtem Auf und Ab (Rechtsabzweige ignorieren Sie) in einen Wiesenweg mündet. Diesem folgen Sie und sehen kurz darauf schon das Dorf Le Bleymard. Den deutlichen Markierungen folgend stoßen Sie auf die D901, der Sie nach rechts folgen, bis Sie an den Abzweig der D20 in Richtung Le Pont-de-Montvert gelangen.

Le Bleymard 1.072 m, 385 Ew.

Hôtel Restaurant La Remise**, Village, 48190 Le Bleymard, Claude Bergounhe et Jean-Francois Combes, ☏ 04 66 48 65 80, contact@hotel-laremise.com, www.hotel-laremise.com, direkt am Stevensonweg, 55 Betten in 20 Zimmern, freundliche Zimmer und gute Küche unter Verwendung regionaler Produkte, Übernachtung für 2 Personen im DZ € 75, 5-Bett-Zimmer € 105, Frühstück € 10, Abendessen ab € 18, Lunchpaket € 9,50, , , April bis Okt

Gîte d'étape Chez le Poulitou, 32 Rue Principale, 48190 Le Bleymard, Christine Médard und Michel Sandon, ☏ 04 66 48 60 62, 06 87 12 58 02, medard.christine@wanadoo.fr, www.gite-chez-le-poulitou.fr, direkt am Stevensonweg, im alten Dorfkern (☞ 7. Etappe), 10 Plätze in 3 Zimmern, Übernachtung € 21, Frühstück € 6,50, eine gut ausgestattete Küche steht zur Verfügung, 15. April bis 15. Okt.

Camping* municipal La Gazelle, Route de Villefort, 48190 Le Bleymard, ☏ 06 85 76 95 63, campingmunicipalbleymard@gmail.com, 200 m vom Stevensonweg, der D901 nach links folgen, 36 Stellplätze, 2 Personen und Zelt € 7, , , 1. Mai bis 30. Okt

Hauptweg entfernt, 23 Plätze, schöne und ruhig gelegene Unterkunft, die zum Entspannen einlädt. Ist die Gîte (etwas abgetrennt stehende Etagenbetten) voll belegt, so kann es dort etwas eng werden, Kochgelegenheit in der **Gîte**, ausgezeichnetes Abendessen, Übernachtung mit Frühstück für 2 Personen im DZ € 94, Übernachtung in der Gîte € 28, Frühstück € 9, Halbpension im DZ € 69/in der Gîte € 59 pro Person, Lunchpaket € 11, , , ganzjährig geöffnet, Ankunft ab 16:00

Sie durchqueren den kleinen Weiler Les Bonnetès auf einem Asphaltsträßchen und folgen diesem für etwa 900 m. Hier wenden Sie sich links in einen breiten Erdweg, der mitunter durch idyllische Birkenalleen seicht nach **Le Bleymard** hinabführt. In Le Bleymard stoßen Sie auf eine Asphaltstraße, auf der Sie hinablaufen. Sie gelangen an eine Kreuzung, an der Sie der D20 nach links in Richtung Le Pont-de-Montvert folgen. Die Straße endet an der D901, auf der Sie sich nach rechts wenden, und Sie befinden sich nun wieder auf dem GR70 (Infos zu Le Bleymard ☞ S. 99).

7. Etappe: Le Bleymard – Le Pont-de-Montvert

20,1 km, 5 Std. 45 Min., ↑ 653 m, ↓ 851 m, ⇧ 874-1.699 m

0,0 km	⇧ 1.072 m	Le Bleymard
5,2 km	⇧ 1.416 m	Station du Mont Lozère
9,3 km	⇧ 1.699 m	Sommet de Finiels
14,6 km	⇧ 1.228 m	Finiels
20,1 km	⇧ 874 m	Le Pont-de-Montvert

Die 20 km lange Etappe führt auf einer der spektakulärsten, aber auch schweißtreibendsten Strecken auf den Gipfel des Mont Lozère auf 1.699 m. Nach dem Aufstieg von Le Bleymard aus kann oben nicht nur ein ganzes Skigebiet, sondern auch der 360°-Panoramablick über den Parc national Cévennes bestaunt werden. Abwärts geht es auf Wiesenpfaden und Forstwegen über das Bergdorf Finiels bis hinab nach Le Pont-de-Montvert.

„Zehn Minuten darauf sprengte der Sonnenschein, Schatten und Funken streuend, im Galopp über den Hügelhang, und der Tag war vollends gekommen. Ich beeilte mich, meinen Pack zu richten, um den vor mir liegenden steilen Anstieg in Angriff zu nehmen (...)." R. L. Stevenson

Sie folgen der D20 in Richtung Le Pont-de-Montvert, überqueren eine Brücke und folgen an der Straßengabelung der mittleren Straße, die in den alten Dorfkern von Le Bleymard führt. Nach etwa 350 m wenden Sie sich bei deutlichen Wegweisern links in ein ansteigendes Sträßchen, dem Sie immer geradeaus bis zu ihrem Ende nach einer langen Linkskurve folgen. Hier laufen Sie nach rechts, halten sich an der nächsten Straßengabelung links und zweigen rechts in einen breiten Weg ab, der sich wiederum gabelt. Sie halten sich rechts. Dieser schöne Balkonweg verläuft oberhalb des Dorfes und erreicht kurz darauf eine kleine Anhöhe, den **Col Santel ❶**, wo Sie dem Erdsträßchen in Laufrichtung folgen. An einer großen Kreuzung gehen Sie den Wegweisern folgend geradeaus steil hinauf in den Wald. Es beginnt der Aufstieg zum Mont Lozère, der höchsten Erhebung des gesamten

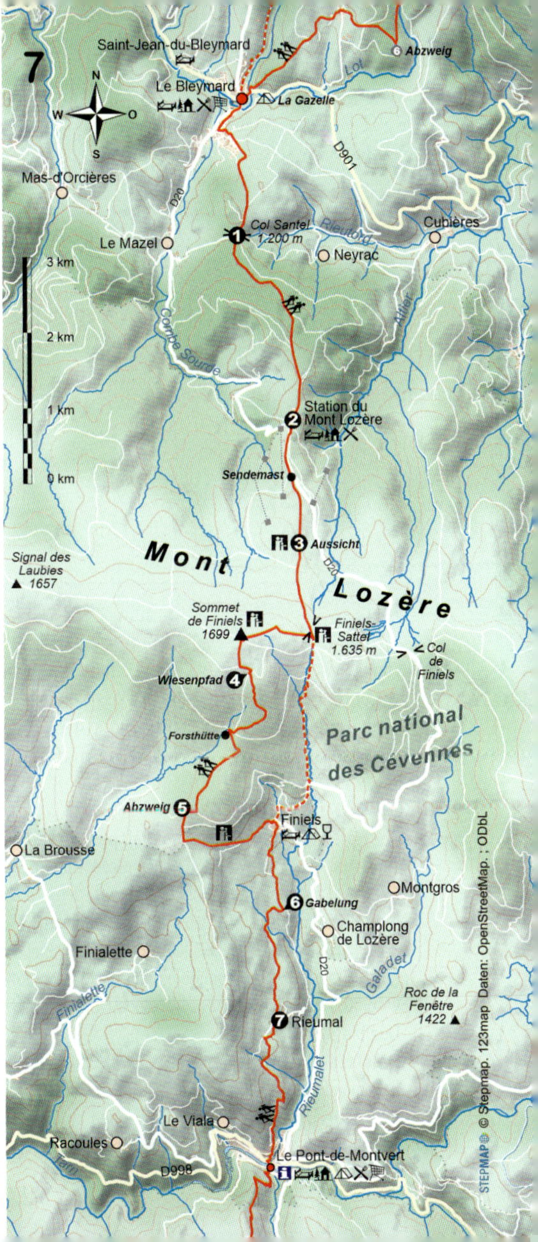

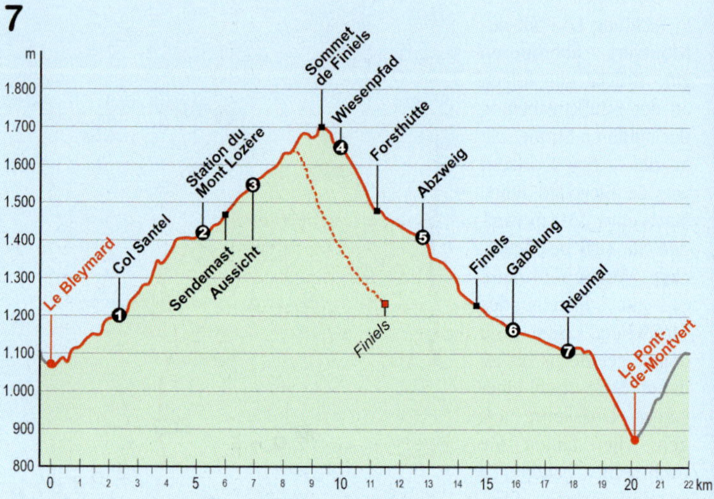

Stevensonweges. Nach einem kurzen Steilstück geht es eher mäßig steil durch schönen Laub- und Nadelwald. Der Weg verlässt später den Wald, Sie folgen immer dem Hauptweg in Laufrichtung und treffen schließlich auf die **Skistation des Mont Lozère**.

Station du Mont Lozère ⇧ 1.416 m

Hôtel Restaurant et Gîte d'étape Le Refuge**, 48190 Station du Mont Lozère, ☎ 04 66 48 62 83, contact@hotellerefuge48.com, www.vacances-cevennes-lozere.com, direkt am Stevensonweg, Hotel: 13 Zimmer, Übernachtung im EZ ab € 60, Halbpension € 77, Frühstück € 7,50, Abendessen ab € 15, Lunchpaket € 8,50, **Gîte d'étape**: 33 Plätze in 8 Zimmern zu 2/4/6/8 Betten (auch Etagenbetten), Kochgelegenheit, Übernachtung in der Gîte € 22, Halbpension € 46,50, Frühstück/Abendessen siehe Hotel, 15. April bis 31. Okt und 15. Dez bis 30. März

♦ **Hôtel restaurant Le Montlo 48**, 48190 Station du Mont Lozère, ☎ 04 66 48 35 21, montlocerf.resa@gmail.com, www.montlo-cerfs.fr, direkt am Stevensonweg, 30 Plätze, Übernachtung für 2 Personen im DZ € 59, Übernachtung im Gîte € 20, Halbpension zusätzlich € 29, Frühstück € 9, Abendessen ab € 12, Lunchpaket € 10, ganzjährig geöffnet

Die Transhumance – der Schafauftrieb aus den Ebenen ins Hochland des Mont Lozère

Die Aufzucht von Schafen war im 18. Jh. die Grundlage der lokalen Wirtschaft. Jede Familie war im Besitz einer kleinen Herde, deren Tieranzahl durch die Futtermenge vorgegeben war, die im Frühjahr auf den Weiden geerntet werden konnte. Auf dem Viehmarkt im Frühjahr, wo die Bauersleute aus den umliegenden Regionen zusammenkamen, wurden neue Tiere hinzugekauft. Die Tiere wurden im Sommer im Freien geweidet und Ende September auf dem Sankt-Michaelis-Markt verkauft, um so die Kasse der Familie ein wenig aufzubessern.

Die ausgedehnten Grasflächen auf den Höhen boten im Sommer Weideland für große Herden, die aus den südlich gelegenen Ebenen in die Höhenlagen auf die frischen Weiden getrieben wurden. Im Gegenzug dafür, dass die Herden auf den Weiden grasen durften, bekamen die Bewohnerinnen und Bewohner des Mont Lozère den Dung der Tiere, den sie als Dünger für den Anbau von Roggen, Raps und Kartoffeln verwendeten.

Es konnte Wochen dauern, die Herden aus den heißen Niederungen von Nîmes auf die Höhen des Mont Lozère zu bringen. Der Herdenauftrieb, die sogenannte „Transhumance", war einer der Höhepunkte des Jahres und die Schäfer schmückten die Tiere mit bunten Pompons. Die Tiere waren von Weitem mit ihrem Glockengeläut zu hören und der Auftrieb war ein regelrechtes Fest für die Dörfer, durch die die Tiere zogen. Von Mitte Juni bis Mitte September hütete ein einzelner Schäfer die Herde, die aus Tieren vieler verschiedener Besitzer bestand. Ein Brandzeichen auf dem Rücken der Schafe diente zur Kennzeichnung und Erkennung der Tiere. Ende des 19. Jh. wurden bis zu 100.000 Schafe auf den Höhenzug des Mont Lozère getrieben, um dort den Sommer über zu weiden.

Auch heute wird die Tradition der Transhumance aufrechterhalten. Es werden jedoch nur noch etwa 8.000 Schafe pro Jahr auf den alten Viehwegen, den „drailles", die früher oft das einzige Bindeglied zwischen Hochflächen, Cevennen und dem Süden waren, aufgetrieben.

Neben ihrer reinen Zweckmäßigkeit avanciert die Transhumance seit einigen Jahren zu einem beeindruckenden bunten Traditions- und Naturschauspiel, das auch immer mehr zu einem Touristenmagneten wird. Etliche Wanderinnen und Wanderer begleiten Mitte Juni, manchmal sogar für mehrere Tage, die Herden.

☺ Das genaue Datum (meist Mitte Juni) der Transhumance finden Sie unter 💻 www.sudcevennes.com oder per Mail an ✉ contact@sudcevennes.com.

Durchqueren Sie die Skistation, um zur D20 zu gelangen ❷. Dieser folgen Sie links aufwärts für kurze Zeit. Kurz vor der modernen, architektonisch auffälligen

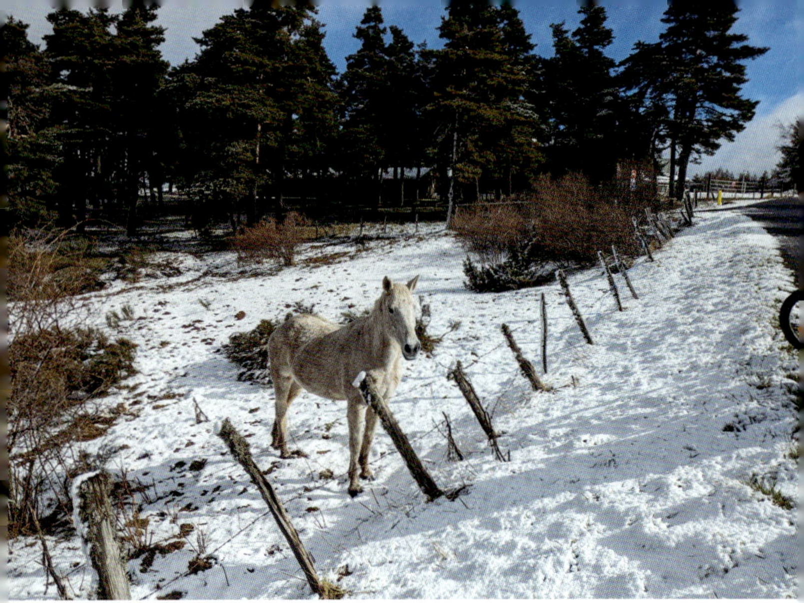

Tierische Unterstützung beim längsten Aufstieg der Tour (aw)

Kapelle biegen Sie rechts in einen schmalen Pfad ab, der zunächst parallel zur Straße verläuft und durch Heidekraut führt. Ab hier begleiten große Granitsteine, die „Pierres de Montjoies" (☞ Pierres de Montjoies und Malteserkreuz, S. 107), den Weg hinauf zum Gipfel.

Auf Höhe eines Sendemastes kreuzen Sie eine Forststraße und laufen geradeaus auf einem etwas breiteren Weg weiter. Kurz darauf ist die Baumgrenze erreicht, der Weg öffnet sich und bietet grandiose Fernblicke zurück ❸. Der Wegverlauf ist dank der großen, etwas keltisch anmutenden Begrenzungssteine bis zum Sattel gut sichtbar und was die Aussicht betrifft, so zählt der nun folgende Wegabschnitt zum schönsten und beeindruckendsten des gesamten Stevensonweges. Die unendliche Weite dieser prärieartigen Landschaft ist mit Worten nicht zu beschreiben. Wenn Sie den Sattel erreicht haben, wenden Sie sich rechts hinauf und laufen entlang der Holzpfähle weiter. Von hier ist es noch 1 km bis zum Gipfel des Finiels.

✋ ↳ Bei Nebel, Schneefall oder Schlechtwetter sollten Sie auf die Gipfelbesteigung des Finiels verzichten und hier am Sattel geradeaus den direkten Weg nach Finiels nehmen (3,3 km bis Finiels).

Am Sattel folgen Sie dafür den kleinen PR-Wegweisern (Promenade & Randonnée) geradeaus. Der Weg wird weiterhin von Steinstelen gesäumt. Geradeaus hinab laufend wird der Weg zu einem schmalen Pfad, der die Baumgrenze erreicht und durch kleine Kiefernbäume führt. Ab hier ist der Pfad nicht mehr durch Stelen markiert.

Sie stoßen auf einen breiten Forstweg und folgen gegenüber dem kleinen, abwärtsführenden Pfad. Dieser verläuft zunächst in angenehm weiten Serpentinenschlaufen, später schlängelt er sich durch Nadel- und Mischwald. Sie erreichen einen verwunschenen, kleinen Bach, den Sie überqueren, und folgen dann stetig dem Wegverlauf, bis Sie schließlich auf eine breite, steinige Forstpiste stoßen. Sie laufen diese links hinab und gelangen unmittelbar auf eine Asphaltstraße (D20), der Sie nach rechts folgen. Nach etwa 800 m stoßen Sie in einer scharfen Linkskurve am Ortseingang von **Finiels** wieder auf den Stevensonweg GR 70, der wenige Meter weiter rechts hinab in ein kleines Asphaltsträßchen biegt.

„Pierres de Montjoies" und Malteserkreuz

Der Weg hinauf zum Mont Lozère war schon zu früheren Zeiten ein wichtiger Reise-, Handels-, Pilger- und Dorfverbindungsweg, der viel begangen wurde. Um die Reisenden auch bei schlechten Wetterverhältnissen, insbesondere bei schlechter Sicht durch Nebel oder Schneetreiben, sicher über die kahle Hochebene des Mont Lozère zu führen, wurde der Wegverlauf durch das Aufstellen zahlreicher Granitstelen, den „Pierres de Montjoies", gekennzeichnet. Bei gutem Wetter ist die Wegführung zum Col de Finiels schon von Weitem deutlich sichtbar und die taillierten Granitblöcke verleihen der steppenartigen Landschaft eine mystische Stimmung.

Die jetzigen Stelen wurden im 18. Jh. bei der Instandsetzung des Chemin de Régordane, des bedeutendsten Verbindungsweges des Mittelalters zwischen Le Puy-en-Velay und Saint-Gilles-du-Gard, aufgestellt.

Unter den vielen Stelen sind, kurz vor Erreichen des Sommet de Finiels, zwei besonders hervorzuheben: In diese ist das Malteserkreuz eingraviert. Vom 12. bis 18. Jh. war durch Schenkungen von Gutsherren ein Teil der Hochebene am Mont Lozère in den Besitz des Malteserordens gelangt. Zur Abgrenzung ihrer Ländereien, die sich im Laufe der Zeit vom Mont Lozère sternförmig in alle Richtungen ausdehnten, wurden zahlreiche Begrenzungssteine errichtet, in die das Malteserkreuz eingraviert war.

Sie erreichen eine erste Kuppe, passieren einen Begrenzungsstein, in den ein Malteserkreuz eingraviert ist, und gelangen zu einer Windschutzmauer.

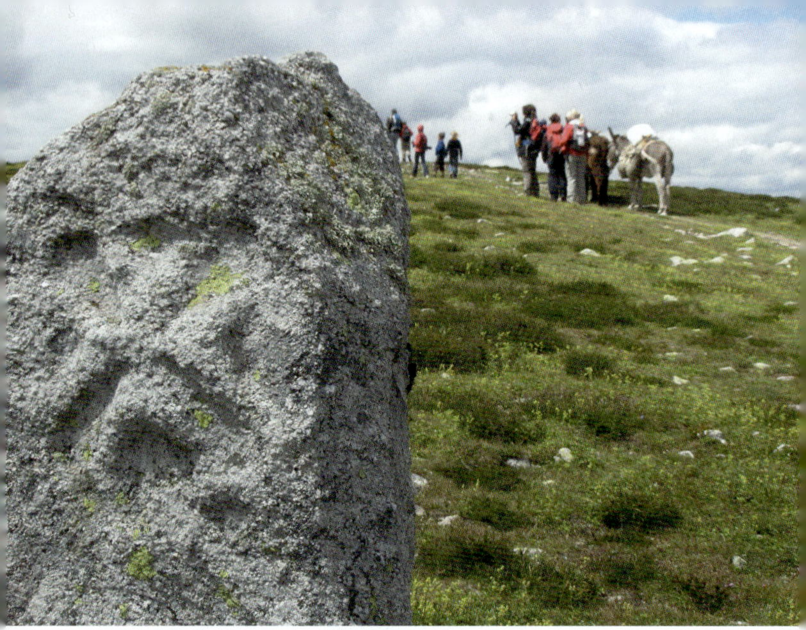

Stele mit eingraviertem Malteserkreuz (vk)

Hier halten Sie sich links und folgen dem breiten Weg durch eine leichte Senke hinauf zum Gipfel des Finiels, dem **Sommet de Finiels**. Dieser ist mit 1.699 m nicht nur die höchste Erhebung des gesamten Stevensonweges, sondern auch des Departements Lozère.

Von hier genießen Sie eine traumhafte Aussicht auf die südlich gelegenen Cevennen.

„Es blies steif aus Süd auf den anderen Hang des Mont Lozère, und mit jedem Schritt kam ich dem Wind näher. (…) Sein höchster Punkt, der Pic de Finiels, auf dem ich gerade stand, (...) gestattet bei klarem Wetter die Sicht über den ganzen niederen Languedoc bis zum Mittelmeer. Ich habe mit Leuten gesprochen, die vorgeblich oder vermeintlich vom Pic de Finiels weiße Schiffe an Montpellier (...) hatten vorbeisegeln sehen." R. L. Stevenson

☺ Auf dem Gipfel befinden sich drei schöne und informative Orientierungstafeln, die jeweils in einen Felsen eingelassen sind.

Sie verlassen den Gipfel linker Hand in Richtung Süden und stoßen auf einen Forstweg, auf dem Sie 150 m nach links gehen, um dann rechts in einen kleinen Pfad abzubiegen. Bereits nach 50 m zweigen Sie links in einen schönen Wiesenpfad ab ❹, Steinmännchen und rot-weiße Markierungen weisen den Weg. Es geht zunächst den Hang entlang in Richtung Südosten und später etwas steiler hinab durch lichten Kiefernwald mit traumhaftem Ausblick auf die hinter Florac liegende Causse Méjean.

Sie gelangen zu einer Forststraße, auf der Sie 50 m nach rechts gehen. An der Weggabelung biegen Sie nach links, passieren eine Forsthütte und folgen dem Verlauf des breiten Weges durch Nadelwald hindurch. Später erreichen Sie eine Weggabelung, an der Sie sich rechts halten (Wegweiser). Kurz darauf tritt der Weg aus dem Wald heraus und Sie wenden sich links hinab ❺. Parallel zum Waldrand laufen Sie nun am ersten Abzweig weiter geradeaus bis zum zweiten Abzweig, an dem Sie sich links halten. Von hier aus führt Sie der Weg in 1,5 km bis zum Dorf **Finiels**.

Von hier genießen Sie wunderbare Blicke auf das mit eiförmigen Felsen übersäte Hochtal von Finiels, das „Chaos aus Granit" genannt wird.

Das Fundament der Landschaft

Die Pflanzenart, die im Boden wächst, ist von dem darunterliegenden Felsen abhängig. Der hier häufig vertretene Ginster wächst zum Beispiel auf Granitfels, Buchsbaum auf Kalkstein, aber niemals umgekehrt. Kastanien bevorzugen Schiefergestein oder Granit als Grundlage, wachsen aber nie auf Kalkstein. Die Vegetation hängt also von der Art des Untergrundes ab und bedingt ihrerseits die Nutzung des Bodens. Rinder weiden zum Beispiel auf Granit, Schafe auch auf Kalkstein und Ziegen auf Schiefer. Die Art des Steins konditioniert demnach in hohem Maße die Nutzung des Landes.

Die typische Architekturweise einer Region hängt von den vor Ort verfügbaren Steinen ab und die Verwendung von einheimischem Baumaterial bewirkt, dass sich die Gebäude bestens in die Landschaft einfügen. Die Landschaft ist durch die Art des Untergrundes gekennzeichnet: Wie hineingezaubert liegen die riesigen, häufig eiförmigen Felsblöcke am Mont Lozère. Sie sind das Ergebnis der Erosion, die dieses Gebirge einzigartig macht.

Finiels

1.228 m, 8 Familien

Chambres et table d'hôtes Maison Victoire, Finiels Village, 48220 Finiels, Jaqueline Galzin, ☏ 04 66 45 84 36, jacq.galzin@gmail.com, www.gites-mont-lozere.com, 100 m vom Stevensonweg, 13 Plätze in 5 Zimmern, nur mit Halbpension buchbar, wunderschönes, altes Natursteinhaus, Halbpension für 2 Personen im DZ € 136, ✈, 🐕, 🚪 ganzjährig geöffnet. In der **Buvette Maison Victoire** werden kalte und warme Getränke auf der wunderschönen Panorama-Gartenterrasse serviert, besonders empfehlenswert ist der hausgemachte Minzsirup, das mitgebrachte Picknick darf verzehrt werden

🛏 **Chambres d'hôtes L'Eglantine,** 48220 Finiels, Renee Marchal, 📱 06 47 16 19 69, ✉ marsal.renee@outlook.fr, 💻 www.chemin-stevenson.org, 2 Plätze, 270 m vom Stevensonweg entfernt, an der D20 links abbiegen und nach dem Campingplatz nochmals links halten, schönes Granithaus mit Küche, DZ € 50. 🚪 28. April bis 30. Okt

⛺ **Aire naturelle de camping La Barette**, 48220 Finiels, Lucile Pantel, ☎ 04 66 45 82 16, ✉ lucile.camping@gmail.com, 💻 www.gites-mont-lozere.com, 250 m vom Stevensonweg, 25 Stellplätze, sehr schöner, natürlicher Campingplatz mit zahlreichen großen, runden Felseiern, großzügige Stellplätze (✋ hier kann es nachts richtig kalt werden!), Zelt und 2 Personen € 16, ✈, 🐕, 🚪 Mai bis 30. Sep

In Finiels stoßen Sie auf eine Asphaltstraße, der Sie kurz nach rechts folgen, um sofort wieder in die nächste (abwärtsführende) Straße rechts abzuzweigen. An der nächsten Gabelung geht es erneut rechts und etwa 400 m weiter dann links. Auch bei der nächsten Abzweigung wenden Sie sich nach links. Der GR 70 führt leicht hinab und gabelt sich. Sie wenden sich nach rechts ❻. In seichtem Auf und Ab bringt Sie der schöne, von Steinmauern und runden Granitfelsen gesäumte Weg in den Weiler **Rieumal**. Hier überqueren Sie die kleine Teerstraße und laufen geradeaus weiter.

Der schmale Pfad, wiederum eingerahmt von alten Steinmauern, schlängelt sich leicht ansteigend durch idyllische Weidelandschaft. Von hier an müssen immer wieder Weidegatter passiert werden. Unmittelbar bevor Sie die nächsten Wohnhäuser von **Rieumal** ❼ erreichen, biegen Sie im 90°-Winkel nach links ab. Folgen Sie dem schmalen Hohlweg für etwa 50 m, bis dieser rechts abknickt und über eine Wiese führt. Folgen Sie dem kleinen Pfad, der nun teils über Wiesen und teils weiter als verwunschener Hohlweg hinab nach **Le Pont-de-Montvert** führt. Im Abstieg bieten sich immer wieder schöne Blicke auf das verträumt im Tal liegende Dorf. Der Weg mündet in eine Asphaltstraße, der Sie in Laufrichtung geradeaus folgen. Nach nur etwa 20 m biegen Sie an der Straßengabelung links steil hinab ins Dorf bis zur D998, der sie nach links über die kleiner Brücke ins Dorfzentrum folgen.

„Eichen klammerten sich an die Hügel, schön gewachsen, reich belaubt und vom Herbst in lebhafte, leuchtende Farben getaucht. Hier und da stürzte von links

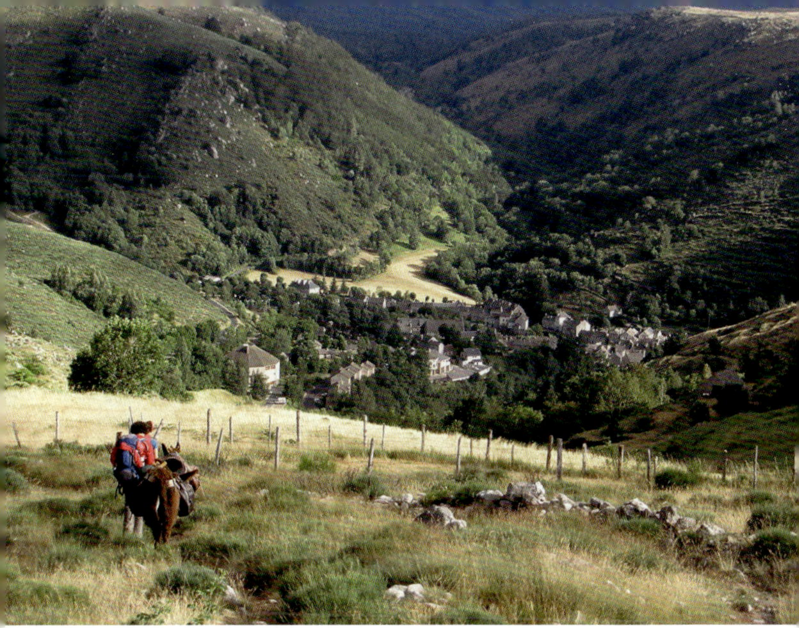

Im Abstieg nach Le Pont-de-Montvert (vk)

oder rechts ein Nebenbach durch eine Klamm von schneeweißen und chaotischen Felsbrocken herab. (…) Dem Ort (Le Pont-de-Montvert, d. Verf.) mit seinen Häusern, seinen Gassen, seinem glitzernden Flussbett haftete eine nicht zu beschreibende südliche Note an." R. L. Stevenson

Le Pont-de-Montvert

⇧ 874 m, 587 Ew.

i Le Quai, 48220 Le Pont-de-Montvert, ☏ 04 66 45 81 94, info@cevennes-montlozere.com, www.cevennes-lozere.com, Mo bis Sa 10:00 bis 12:30 und 15:00 bis 18:30

Hôtel Restaurant Auberge des Cévennes, Village, 48220 Le Pont-de-Montvert, Eva Pilcinelli, ☏ 04 66 45 80 01, contact@auberge-des-cevennes.com, www.auberge-des-cevennes.com, direkt am Stevensonweg, 30 Betten in 2-, 3- und 5-Bett-Zimmern, kleines, stimmungsvolles Hotel, direkt am Tarn gelegen, teilweise sehr enge, aber frisch renovierte Zimmer mit Etagenbetten, WC und Dusche auch auf dem Flur, dennoch charmant. Stevenson aß zu Mittag in diesem Hotel. Übernachtung für 2 Personen ab € 68, Frühstück € 10, Halbpension ab € 100, Lunchpaket € 11, April bis Nov

Gîtes du Chastel, Route de l'Hermet, 48220 Le Pont-de-Montvert, Beatrice Cadier, 06 11 59 76 93, cetonia@hotmail.fr, www.cevennes-gites.com, 500 m vom Stevensonweg entfernt, die alte Eselsrücken-Brücke überqueren und rechts den Schildern „Gîte du Chastel" folgen, 40 Plätze in 8 zusammengehörenden Ferienhäusern, Übernachtung € 27, Frühstück € 9, Abendessen € 19, Halbpension € 55, (Abendessen wird frisch angeliefert und dann selbst aufgewärmt), Lunchpaket € 10, ganzjährig geöffnet

♦ **Gîte d'étape municipal**, Village, 48220 Le Pont-de-Montvert, Mairie: 04 66 45 80 10, gite@mairiepontdemontvert.fr, 400 m vom Stevensonweg, befindet sich in demselben Gebäude wie das Écomusée, 35 Plätze in Mehrbettzimmern, Küchenbenutzung, sehr einfache Ausstattung, Übernachtung € 13,50, , 15. März bis 1. Nov

Camping municipal**, Village, 48220 Le Pont-de-Montvert, Mairie: 04 66 45 82 88, pdmcamping@gmaiil.com, 350 m vom Stevensonweg, zentral und am Tarn gelegen, 94 Stellplätze, schöne Zeltstellplätze, Zelt und 2 Personen € 10,40, , , 28. März bis 3. Nov

Café du Commerce, 48220 Le Pont-de-Montvert, schöne, große Terrasse, sehr gutes Frühstück für € 4,50 und gute regionale Küche (*plat du jour*/Mittagstisch), täglich 7:00 bis 21:00

schöner Wochenmarkt mit köstlichen regionalen Produkten, jeden Mi von Mitte Juni bis Mitte Sep

In den Sommermonaten ist der Tarn auf Höhe der Eselsrücken-Brücke zu einem Badebereich abgetrennt.

⌘ **Écomusée du mont Lozère**: Das interessante Museum des Nationalparks der Cevennen gibt einen informativen Einblick in Geologie, Fauna, Flora und Lebensweise der Bewohner am Mont Lozère.

♦ 48220 Le Pont-de-Montvert, 04 66 49 53 02, ecomusee@cevennes-parcnational.fr, www.musees-occitanie.fr, das Museum war bei Druck geschlossen. Die Wiedereröffnung ist für 2025 geplant.

Eine neue Religion – der Protestantismus

Mit dem Aufkommen des Handels per Maultiertransport im 16. Jh. veränderte sich die bisherige Wirtschaftsform grundlegend, und die schriftlich verfassten Ideen der Reformation konnten weit verbreitet werden. Diese von Calvin und Luther formulierten Ideen forderten die etablierte katholische Kirche heraus, die sich zu oft dem weltlichen Leben hingegeben hatte. Die Schriften wurden von Hausierern verkauft und fanden eine große Anhängerschaft, insbesondere im Gévaudan, in den Cevennen und auf der Hochebene des Mont Lozère. Alle sozialen Schichten dieser Regionen fühlten sich angesprochen und die Tatsache, dass sie die Bibel in ihrer eigenen Sprache lesen und eine direkte Beziehung zu Gott herstellen konnten, überzeugte die Menschen in den abgeschiedenen Tälern von der neuen Religionsform.

Die Religionskriege des 16. Jh. waren auch hier präsent und erst mit dem Edikt von Nantes von Heinrich IV., das die Rechte der Protestantinnen und Protestanten und ihre Religionsausübung anerkannte, kam es wieder zu Frieden. Trotzdem flohen viele Protestanten in die benachbarte protestantische Schweiz oder nach Deutschland.

Protestantische Gräber bei Finiels (sg)

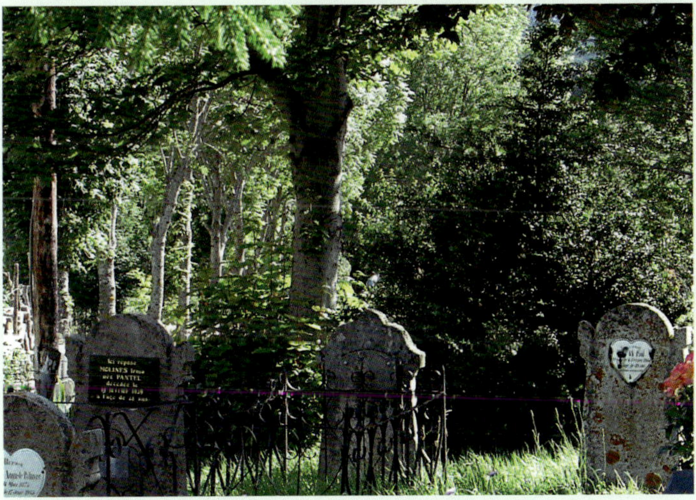

Die Kamisardenkriege

Die Religionskriege waren zu Beginn des 17. Jh. beendet, aber während der Herrschaft von Ludwig XIV. wurden die Rechte der Protestanten allmählich wieder aufgehoben. Ihre Kirchen wurden nach und nach geschlossen, das Abhalten von Gottesdiensten verboten und schwere Unterdrückungsmaßnahmen (Dragonade) waren an der Tagesordnung. Zwischen 1675 und 1700 wurden über 400 Edikte und Anordnungen erlassen und durchgesetzt. Nach zahlreichen Abschwörungen wurde 1685 das Edikt von Nantes widerrufen und Gottesdienste wurden unter Strafe verboten. Trotzdem blieben eine große Anzahl Protestantinnen und Protestanten

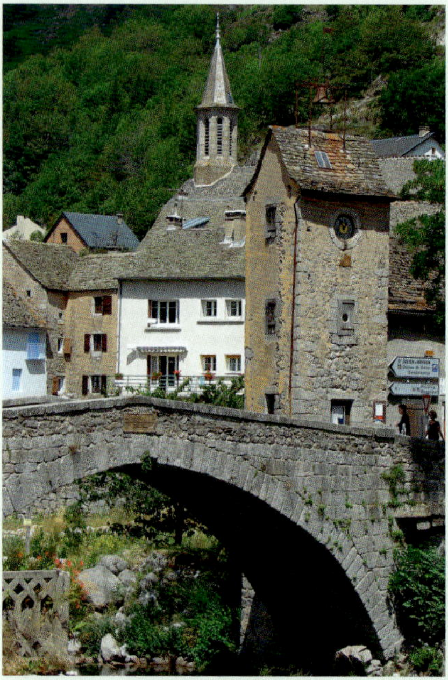

Geschichtsträchtig: Brücke mit Uhrenturm in Le Pont-de-Montvert (sg)

ihrem Glauben treu. Die Pastoren wurden durch Prediger mit einer speziellen Ausbildung ersetzt, die jedoch auch verfolgt wurden. Besonders in den Cevennen hielten viele an ihrem protestantischen Glauben fest, leisteten Widerstand gegen ihre Verfolger und organisierten geheime Gebetstreffen. Der König verstärkte die Unterdrückung und viele Protestantinnen und Protestanten wurden hingerichtet. Vor diesem Hintergrund entstanden Prophezeiungen, die den einfachen Dorfbewohner zum Mystiker machten.

Im Juli 1702 inhaftierte der Abt von Chayla in seiner Position als Glaubensinspektor der Cevennen eine Gruppe flüchtiger Protestantinnen und Protestanten in Le Pont-de-Montvert. Um diese zu retten, versammelten sich 50 Männer unter Führung des Propheten Esprit Séguier und marschierten in der Nacht des 24. Juli nach Le Pont-de-Montvert, wo sie die Gefangenen befreiten, das Gefängnis in Brand setzten und den Abt von Chayla auf der Brücke von Le Pont-de-Montvert töteten. Nach weiteren blutigen Befreiungsaktionen in Frutgères und Saint-André-de-Lancize wurde der Anführer Esprit Séguier von königlichen Truppen gefangen genommen, in Florac zum Tode verurteilt und in Le Pont-de-Montvert vor dem Uhrenturm bei lebendigem Leibe verbrannt.

So begann der Krieg der protestantischen Rebellen, die wegen ihrer weiten Hemden „Kamisarden" genannt wurden. Dieser Krieg sollte zwei Jahre lang andauern. Der König entsendete Truppen, die den Kamisarden zahlenmäßig weit überlegen waren, doch Letztere kämpften in kleinen autonomen Gruppen und in ihnen vertrautem Gelände mit idealen Verstecken und konnten auf die Unterstützung der heimischen Bevölkerung zählen. So schafften es die calvinistischen

Rebellen, den königlichen Truppen immer wieder Niederlagen beizubringen und ihnen zwei Jahre lang standzuhalten. Der sogenannte Cevennenkrieg wurde 1704 mit dem „Großen Niederbrennen der Cevennen" beendet.

Auf Befehl des Königs Ludwig XIV. wurden insgesamt 446 Dörfer in den Cevennen geplündert und verwüstet. Doch auch nach Beendigung des Krieges flammten immer wieder Kampfhandlungen auf, ohne dass eine Seite den Sieg erringen konnte.

Erst im Jahre 1778 wurde das Toleranzedikt erlassen, in dem Ludwig XVI. den Protestantinnen und Protestanten die lang ersehnte Religionsfreiheit gewährte. Protestantische Kirchen durften seit dem Concordat von 1802 wieder aufgebaut werden. Die meisten protestantischen Kirchen stammen jedoch aus der Zeit um 1830.

8. Etappe: Le Pont-de-Montvert – Florac

➲ 29,3 km, ⌛ 7 Std. 45 Min., ↑ 782 m, ↓ 1.106 m, ⇧ 541-1.421 m

0,0 km	⇧ 874 m	Le Pont-de-Montvert ⌘
7,6 km	⇧ 1.308 m	Col de la Planette (Abzweig auf die Variante entlang des GR 72)
11,1 km	⇧ 1.202 m	Abzweig nach Mijavols
13,2 km	⇧ 1.073 m	Col du Sapet/D20
19,4 km	⇧ 852 m	Abzweig auf die Variante entlang des GR 68
25,0 km	⇧ 584 m	Bédouès
29,3 km	⇧ 550 m	Florac BANK ⌘

Auf knapp 30 km führt die 8. Etappe von Le Pont-de-Montvert aus bergauf zum Plateau de Cham de l'Ermet und nach einem kurzen entspannteren Stück weiter die Höhenmeter bis zum Signal de Bougès bergan. Sie laufen weiter auf abfallenden Wegen zunächst Richtung Westen, um dann in nördlicher Richtung auf den idyllischen Fluss Tarn zu treffen, dem Sie fast kontinuierlich bis zum Erreichen der schon fast touristischen Ortschaft Florac folgen.

„Am Morgen sah das Tal noch schöner aus. Bald senkte sich die Straße auf die Höhe des Flusses hinab. Hier, an einer Stelle, wo viele gerade und prächtige Kastanienbäume standen und eine Insel auf einer grasbewachsenen Terrasse bildeten, machte ich meine Morgentoilette in den Wassern des Tarn."

R. L. Stevenson

Überqueren Sie die schöne alte Eselsrücken-Brücke über den Tarn und biegen Sie dann nach links. Auf Höhe des Hotels Auberge des Cévennes biegen Sie rechts in die Gasse ab, die zwischen zwei Häusern hinaufführt. Dieser stetig ansteigende Weg ist die alte Dorfverbindung nach Grizac.

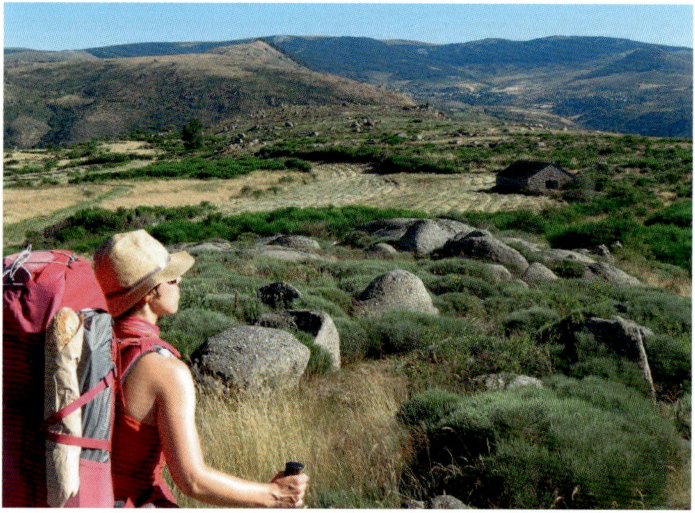

Auf dem Plateau de Cham de l'Ermet (vk)

Es bieten sich sehr schöne Blicke hinunter nach Le Pont-de-Montvert und auf gleicher Höhe auf das in weiter Ferne liegende Finiels.

Sie erreichen das **Plateau de Cham de l'Ermet ❶**, eine steppenartige Landschaft, die wieder mit eiförmigen Felsen übersät ist. Rechter Hand befindet sich eine landestypische Schäferei. Sie überqueren das Plateau. Später beschreibt der Weg eine Rechtskurve. Wenige Meter weiter zweigen Sie links ab und passieren ein Metalltörchen. Hier treffen Sie erstmals auf den bestens ausgeschilderten Fernwanderweg GR 670, den Chemin Urbain V, der auf den Spuren von Papst Urban V den Ort Nasbinals (im Aubrac) mit Avignon verbindet. Der Weg führt durch hohen Farn und Buchenwald hinab ins Fiarouze-Tal und trifft dort auf die D20. Gehen Sie über die Brücke und weiter bis zum nächsten Abzweig ❷. Hier biegen Sie rechts hinauf auf die Forststraße und erreichen das alte Gehöft von **Champlong-de-Bougès** (km 5,6).

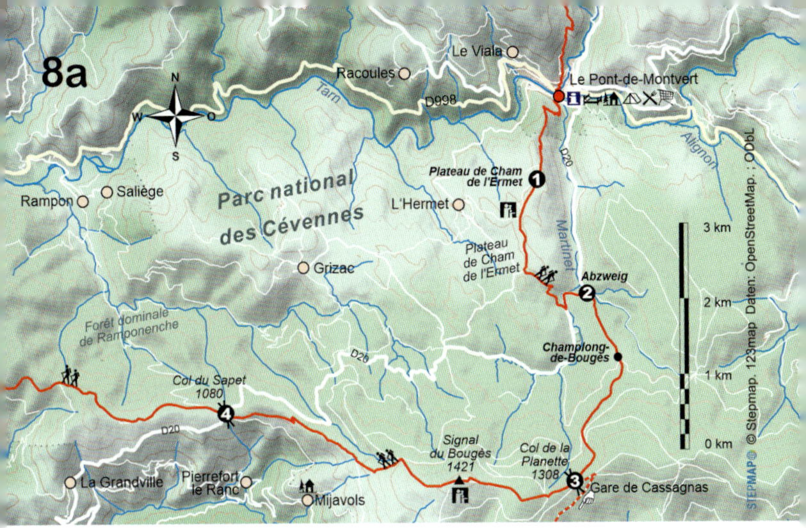

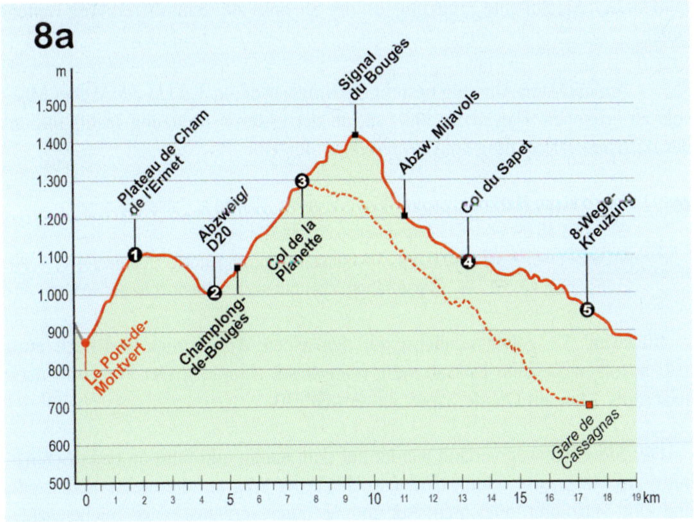

Der GR 70 führt Sie geradeaus weiter hinauf durch den Wald. Etwas später stoßen Sie auf eine Forststraße, die eine Haarnadelkurve beschreibt. Hier zweigen Sie in Laufrichtung geradeaus in den Weg ab, der steil hinauf zum **Col de la Planette**

führt, wo sich ein Gedenkstein für Raymond Senn, Initiator des GR 68, befindet. An dieser Stelle treffen der GR 68 und der GR 72 auf den Stevensonweg, der Chemin Urbain V verlässt den Stevensonweg ❸.

☺ ↳ Wer aus Zeitgründen die Schlaufe über Florac nicht laufen möchte, hat hier die Möglichkeit, auf einem sehr schönen und bequem zu gehenden Weg auf dem GR 72 in 9,8 km den Gare de Cassagnas und wiederum den Stevensonweg GR 70 zu erreichen (☞ Variante der 8. Etappe: Le Pont-de-Montvert – Col de la Planette – Gare de Cassagnas, S. 127).

Der Stevensonweg verläuft nach rechts in Richtung Westen. An der ersten Weggabelung halten Sie sich rechts, um nach etwa 20 m links steil hinaufzusteigen. Der Steilanstieg ist glücklicherweise nur von kurzer Dauer. Auf der Kammlinie nach rechts laufend bieten sich später grandiose Blicke hinüber nach Finiels und schließlich ist der Aussichtspunkt **Signal du Bougès** (1.421 m) erreicht. Von hier an senkt sich der Weg, zuletzt sehr steil in Richtung Wald hinab. Am Waldrand stoßen Sie auf eine Kreuzung, an der Sie links auf dem oberen Weg weiterlaufen.

↳ Am nächsten Abzweig besteht die Möglichkeit, in 3,5 km den Weiler **Mijavols** zu erreichen: Biegen Sie links ab, an der ersten T-Kreuzung rechts und an der nächsten T-Kreuzung links (Wegweisern folgen).

Gîte d'étape Martine Chaptal, 48400 Mijavols, Martine et Fabien Chaptal, ☏ 04 66 45 09 04, ✉ fabien-martine.chaptal@orange.fr, 💻 www.chemin-stevenson.org, 14 Plätze, Kochgelegenheit, Übernachtung € 20, Frühstück € 10, , , ganzjährig, aber nur nach vorheriger Reservierung

Rückweg: Sie gehen zunächst auf demselben Weg zurück und nach etwa 500 m folgen Sie dem Linksabzweig (Wegweiser „Florac"). Der Weg trifft nach insgesamt 3 km am Col de Sapet auf den GR 70.

Der Stevensonweg verläuft wieder auf dem Kamm und führt an einer Schutzhütte aus Holz vorbei. Kurz darauf wechselt der Weg auf die rechte Kammseite und führt verträumt in leichtem Auf und Ab durch verwunschenen Buchenwald.

Wieder links des Kammes bieten sich, nahezu aus der Vogelperspektive, schöne Blicke auf den Weiler Pierrefort le Ranc und Sie gelangen am 1.080 m hohen **Col de Sapet** schließlich an eine Straße ❹. Überqueren Sie diese und folgen Sie dem Forstweg geradeaus.

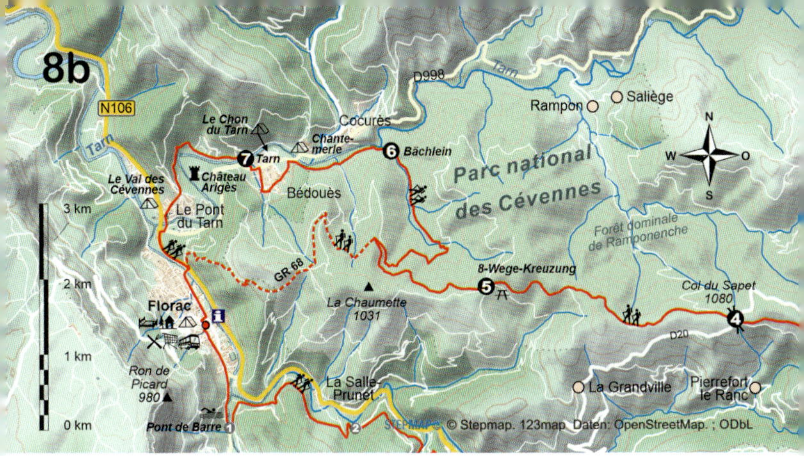

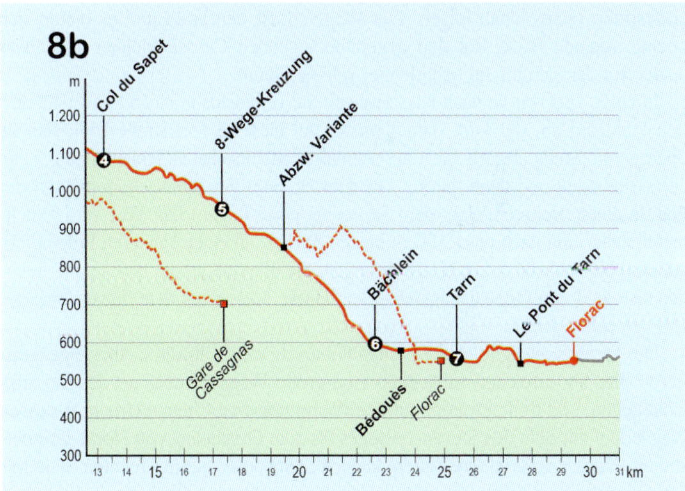

An der ersten Weggabelung bleiben Sie links auf dem oberen Weg. Etwas später ignorieren Sie einen Linksabzweig und folgen dem aussichtsreichen Balkonweg in den Wald Forêt domaniale de Ramponenche. Links und rechts abzweigende Wege lassen Sie außer Acht. Später erreichen Sie eine Kreuzung mit zwei Picknickbänken, an der sich insgesamt acht Wege kreuzen ❺. Sie laufen einfach geradeaus weiter.

In einer scharfen Rechtskurve (km 19,4) besteht die Möglichkeit, nach links auf den GR 68 abzuzweigen und auf dem gut ausgeschilderten Weg in nur 5,5 km das Städtchen Florac zu erreichen.

☺ ➯ Da meiner Meinung nach der folgende Wegabschnitt auf dem Stevensonweg GR 70 bis Florac wenig attraktiv ist, empfehle ich Ihnen diese schöne und aussichtsreiche Variante über den GR 68. Zudem erreichen Sie Florac in nur 1 Std. 20 Min. und haben Zeit für einen gemütlichen Spaziergang durch das schöne Städtchen.

Zweigen Sie dafür links, dem Wegweiser „GR 68 Florac" folgend, in die zunächst leicht ansteigende Forstpiste ab, die schon kurze Zeit später imposante Fernblicke bietet. Nach etwa 1 km erreichen Sie eine erste Weggabelung, an der Sie links, den Wegweisern entsprechend, weiterlaufen. Folgen Sie dem leicht ansteigenden Forstweg bis zu einer großen Kreuzung, an der Sie der unteren Forststraße rechts hinab folgen. Der Weg verlässt den Wald und es bieten sich beeindruckende Blicke auf den gegenüberliegenden Causse Méjean und etwas später auf das sich im Tal befindende, schöne Florac.

In einer 180°-Kurve nach links zweigen Sie geradeaus in einen abwärtsführenden Waldpfad ab, der kurz darauf wieder auf dieselbe Forststraße trifft, die Sie überqueren. Stetig abwärts führt der schmale Pfad zunächst in Schlaufen durch alte Terrassierungen und dann durch Wald. Unweit eines Wasserspeichers mündet der Pfad in einen breiteren Weg, dem Sie rechts hinab folgen. Der Weg wird zunehmend steiler und nach etwa 300 m biegen Sie links in einen kleineren Erdpfad ab, auf dem Sie schließlich zur N106 gelangen. Sie überqueren die Brücke und befinden sich jetzt, am Ortseingangsschild von **Florac**, wieder auf dem Stevensonweg.

Der Stevensonweg folgt der breiten Forstpiste weiter abwärts, Abzweige ignorieren Sie. Sie erreichen schließlich eine große Weggabelung, an der Sie links hinabgehen, und treffen wieder auf den Weitwanderweg Chemin Urbain V, dessen Wegverlauf mit dem des Stevensonweges bis zum Ortsanfang von Florac übereinstimmt. Nach Passieren eines alten, kleinen Steinhauses auf der rechten Seite folgen Sie weiter der Forstpiste und überqueren ein Bächlein ❻. Kurz darauf bieten sich rechts imposante Tiefblicke in die Tarnschlucht. Der Weg steigt dann noch einmal kurz an und Sie erreichen eine Straßengabelung.

➯ Wenn Sie auf einem der beiden Campingplätze übernachten wollen, laufen Sie hier rechts hinab.

Um zum Camping Le Chon du Tarn überqueren Sie nicht die Brücke, sondern folgen der Straße nach links.

Wenn Sie hingegen zum Camping Chantemerle und Restaurant la Bergerie wollen, überqueren Sie die Brücke und gehen links in das Sträßchen.

Camping Le Chon du Tarn**, Village, 48400 Bédouès, ☏ 04 66 45 09 14, Kontaktformular auf Website, www.camping-chondutarn.com, 300 m vom Stevensonweg entfernt, zentral und unmittelbar am Fluss gelegen, 101 Stellplätze, Bar, kleiner Einkaufsladen und Brotdepot, Zelt und 2 Personen € 15,70 (Nebensaison) bzw. € 17,50 (Hauptsaison), Holzfass für 2 Personen € 37 (Nebensaison) bzw. € 47 (Hauptsaison), Mobile Home für 2 Personen € 42, , , Anfang Mai bis Anfang Okt

Camping* Chantemerle und Restaurant la Bergerie**, La Pontèze, 48400 Bédouès, Michèle und Olivier Masouyé, ☏ 04 66 45 19 66, chante-merle@wanadoo.fr, www.camping-chantemerle.com, 300 m vom Stevensonweg entfernt, direkt am Tarn gelegen, 70 Stellplätze und 12 Mobile Homes, , Restaurant, kleiner Einkaufsladen, Zelt und 2 Personen ab € 19, Mobile Home 2 Personen ab € 54, Frühstück € 8, Wandererangebot: Marabout-Zelt mit Halbpension € 49, , , Anfang April bis Ende Okt

Hier wenden Sie sich links hinauf, lassen kurz darauf Abzweigungen außer Acht und folgen dem Chemin de Parro mit Blick auf die beeindruckende Abteikirche von Bédouès. Der Chemin de Parro wird zur Rue du Chon Bartas, die Sie in einer seichten Rechtskurve verlassen, um geradeaus der Gasse Rue des Cledes zu folgen.

Sie zweigen dann rechts in die Rue de la Chapelle ab, passieren die Kapelle Saint-Saturnin und biegen wenige Meter weiter rechts in die Rue du Couderc ab. Auf dieser gelangen Sie hinab zur D998, wo Sie etwa 100 m nach links gehen, um dann rechts in das Sträßchen Chemin de la Baume abzuzweigen. Sie überqueren den Tarn ❼ und folgen dem deutlichen Wegweiser „Florac" nach links. Abzweigungen ignorierend wird das Sträßchen bald zu einem Weg, der an beeindruckenden Kastanienbäumen vorbeiführt.

Hier ist der Weg spärlich markiert und nach einer ausgeprägten Linkskurve steigt der Weg wieder leicht an. Immer oberhalb des Tarn laufend, mit schönem Blick auf das Château Arigès, gelangen Sie später auf eine kleine Teerstraße. Dieser folgen Sie in Laufrichtung geradeaus hinab und gelangen bei einer Tennisplatzanlage an eine T-Kreuzung.

Wenn Sie auf dem Campingplatz Le Val des Cévennes übernachten wollen, so wenden Sie sich hier nach rechts und an der N106 für etwa 200 m nach links. Der Campingplatz befindet sich auf der rechten Straßenseite.

Camping und Snack-Bar Le Val des Cévennes**, 5 Route de Mende (N106), 48400 Florac, Fabrice Vanhoye, ☏ 04 66 31 34 20, 06 77 53 95 26, campinglescevennes@gmail.com, www.levaldescevennes.com, 1 km vom Ortszentrum Florac entfernt, 40 Stellplätze und 10 Mobile Homes, netter Empfang, gute Frühstücksmöglichkeit, Zelt und 2 Personen ab € 17, Übernachtung im Holzchalet für Wandernde für 2 Personen € 41, Halbpension € 41, 1. April bis 30. Sep

Unmittelbar neben dem Campingplatz befindet sich ein großer Intermarché-Supermarkt.

An der T-Kreuzung gehen Sie links und überqueren die alte Tarnbrücke. Laufen Sie die D998 für wenige Meter nach rechts. Am Kreisverkehr wählen Sie die gegenüberliegende Straße in Richtung der Informationstafeln und folgen dann der N106 rechts der Leitplanke auf einem Schotterpfad. Sie überqueren die nächste Brücke und erreichen das Ortseingangsschild von Florac.

In Florac selbst konnte ich keine einzige GR-Markierung finden!

☺ Am Ortseingang befindet sich auf der rechten Seite ein Carrefour-Supermarkt.

Der direkte Weg, um am Ortsausgang wieder auf den markierten Stevensonweg zu gelangen, verläuft wie folgt: Folgen Sie immer der Avenue Jean Monestier parallel zum Fluss Tarnon, bis Sie am Ortsende auf einen Kreisverkehr (rechts befindet sich eine Tankstelle) stoßen. Hier findet sich die rot-weiße GR-Markierung wieder und Sie folgen für den Weiterweg der Straße nach Meyrueis (D907) (☞ 9. Etappe: Florac – Gare de Cassagnas).

Um einen Eindruck vom schönen Florac zu bekommen, schlage ich Ihnen die folgende, nur unwesentlich längere Route vor:

Nach Passieren des Ortseingangsschildes folgen Sie der Avenue Jean Monestier am Kreisverkehr geradeaus, bis Sie auf der rechten Seite an den kleinen Platz Square Paul Manry mit Springbrunnen gelangen. Hier biegen Sie rechts in die kleine Straße ab, laufen unter dem ehemaligen Verwaltungsgebäude von Florac hindurch und gelangen auf die mediterran anmutende Platanenallee Esplanade M. Farelle. Sie befinden sich jetzt innerhalb der nicht mehr sichtbaren Stadtmauern und somit im mittelalterlichen Teil von Florac. Folgen Sie der von schönen, alten Platanen (die älteste ist etwa 190 Jahre alt!) gesäumten Esplanade (besonders stimmungsvoll an Markttagen) nach links bis zum Place de Souvenir, wo die Etappe endet.

Florac

550 m, 1.889 Ew.

33 Avenue Jean Monestier, 48400 Florac, ☏ 04 66 45 01 14, contact@cevennes-gorges-du-tarn.com, www.cevennes-gorges-du-tarn.com, ☺ in der Touristeninfo ist ein Flyer mit empfehlenswertem Stadtrundgang gratis erhältlich, dieser ist auch online auf der Internetseite verfügbar oder in der interaktiven App „Balduik".

Chambres d'hôtes et Restaurant Les Tables de la Fontaine, 31 Rue du Thérond, 48400 Florac, Véronique und Denis Dessaint, ☏ 04 66 65 21 73, denis.dessaint@orange.fr oder contact@tables-de-la-fontaine.com, www.tables-de-la-fontaine.com, 100 m vom Stevensonweg entfernt, 11 Betten in 4 Zimmern, nette, individuell eingerichtete Zimmer und ausgezeichnete regionale Küche, Übernachtung mit Frühstück für 2 Personen im DZ € 97, Abendessen im Restaurant (mit schönem, grünem Innenhof) € 26, Halbpension für 2 Personen € 132, ganzjährig geöffnet

♦ **Hôtel*** Restaurant Grand Hôtel du Parc**, 47 Avenue Jean Monestier, 48400 Florac, Jean-Claude Gleize, ☏ 04 66 45 03 05, contact@grandhotelduparc.fr, www.grandhotelduparc.fr, 200 m vom Stevensonweg entfernt, 113 Betten, Hotel mit schöner Parkanlage und Swimmingpool, Übernachtung für 2 Personen im DZ ab € 66, Frühstück € 11, Abendessen ab € 24, 6. April bis 30. Sep

Chambres d'hôtes Les chambres du Thérond, 26 Rue du Thérond, 48400 Florac, Roger East, 06 87 48 86 39, rooms@du-therond.com, www.du-therond.com, 110 m vom Stevensonweg entfernt, max. 9 Plätze in 2 Zimmern, geräumig und charmant, Übernachtung mit Frühstück für 2 Personen im DZ je nach Saison ab € 64, eine dritte Person im Zimmer zahlt € 18, Anfang Mai bis Ende Sep, Ankunft ab 16:30

♦ **Hôtel*** des Gorges du Tarn**, 48 Rue du Pêcher, 48400 Florac, ☏ 04 66 45 00 63, info@hotel-gorgesdutarn.com, www.hotel-gorgesdutarn.com, 70 m vom Weg entfernt, 19 schön renovierte 2- bis 4-Bett-Zimmer, DZ ab € 89, Frühstück € 13, Halbpension erst ab 3 Nächten buchbar, Ostern bis Allerheiligen

Gîte et tables d'hôtes L'Étape, 7 Place du Saguenay, 48400 Florac, Guillaume Collet und Charlène Camboulives, 07 75 85 97 78, resa@l-etape.fr, www.chemin-stevenson.org, 130 m vom Stevensonweg entfernt, 80 Plätze, Übernachtung € 20 bis 35, Frühstück € 7,50, Halbpension pro Person € 21, Lunchkorb € 10, Anfang April bis Anfang Nov

☞ **Camping** und Snack-Bar Le Val des Cévennes** (auf dem Weg in den Ort) und **Eco Camping La Tière** (9. Etappe)

✗ **Restaurant Le Camisard**, 12 Rue du Pêcher, 48400 Florac, kleines Restaurant mit guter regionaler Küche, Mittagstisch und Menü, Mo bis Fr 10:00 bis 14:00

♦ **Crêperie Le Pêcher Mignon**, Place L. Dides, 48400 Florac, köstliche Galettes, Crêpes und Salate zu moderaten Preisen, unbedingt empfehlenswert ist die hausgemachte *Crème de marron*, So bis Fr 11:30 bis 14:30.

sehr schöner, großer und stimmungsvoller Wochenmarkt mit vielen regionalen Spezialitäten auf dem Place L. Dides, ganzjährig jeden Do am Vormittag

♦ schöner kleiner Bauernmarkt, jeden So im Juli und Aug

Stevenson-Linie nach Le Puy-en-Velay und Cassagnas, Linie 251 und 252, 1. Juli bis 31. Aug 1x täglich außer So und Feiertag; nach Mende und Ales, ganzjährig 1-2x täglich außer So und Feiertag, Les Voyages Boulet, ☏ 04 66 65 19 88, voyagesboulet@wanadoo.fr, www.lesvoyagesboulet.com

✞ **Kirche Saint-Martin**: Die dreischiffige, neoklassizistische Kirche aus dem Jahre 1883 liegt etwas oberhalb der Altstadt von Florac.

Château de Florac: Nach den Religionskriegen wurde das Château 1652 wieder aufgebaut. Seither diente es als Adelswohnsitz, als Salzspeicher während der Französischen Revolution und, nachdem es 1810 an den Staat verkauft wurde, als Gefängnis. Seit 1976 beherbergt das Château den Verwaltungssitz des Parc national des Cévennes.

⌘ **Maison du Tourisme et du Parc national des Cévennes**: Das neue Haus des Tourismus und Nationalparks Cevennen befindet sich am ehemaligen Bahnhof. Für Naturinteressierte lohnt sich ein Besuch des Informationszentrums (inklusive einer gut sortierten Boutique mit Büchern, Land- und Wanderkarten sowie vielen kostenlosen Broschüren über Fauna, Flora und Projekte des Nationalparks der Cevennen) und der Dauerausstellung „Passagers du Paysage": kleine, gut gemachte szenografische Präsentation über Fauna, Flora und Lebensweise im Nationalpark der Cevennen (u. a. auf Deutsch!), der Besuch ist auch bestens für Familien mit Kindern geeignet.

♦ Maison du Tourisme, Place de l'Ancienne Gare, 48400 Florac, ☏ 04 66 45 01 14, info@cevennes-parcnational.fr, www.cevennes-parcnational.fr, April bis Juni Mo bis Sa 9:30 bis 12:00 und 14:30 bis 18:00, Juli/Aug täglich 9:30 bis 12:00 und 14:30 bis 18:00, Sep bis Nov Mo/Mi/Do 9:30 bis 12:00 und 14:00 bis 17:30, Eintritt frei

⌘ **Kapuzinerkloster und Hospital**: In der Rue de l'Église befindet sich das ehemalige Kapuzinerkloster und Hospital von Florac. Das Gebäude ist aufgrund

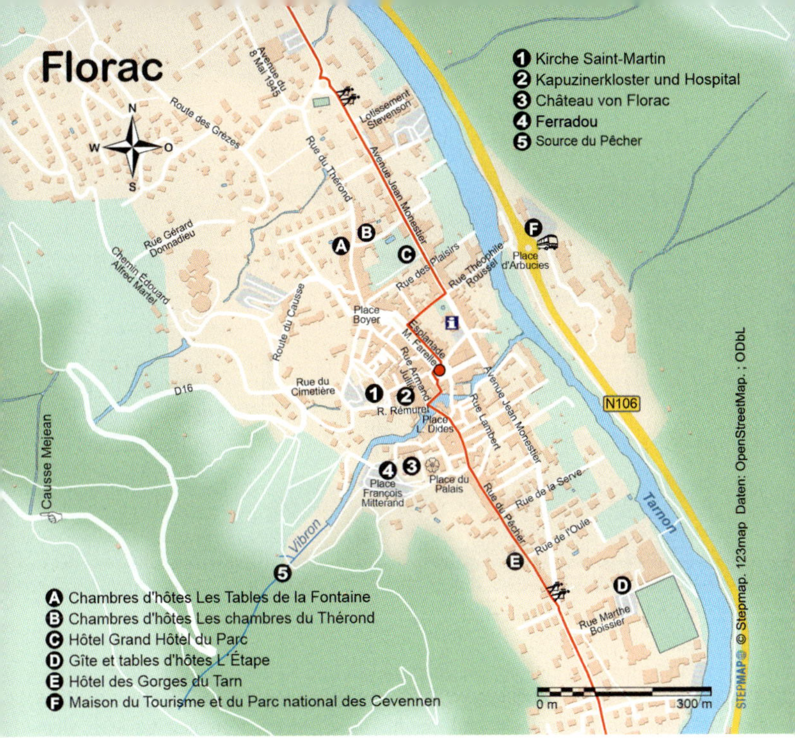

seiner Fassade, seines Daches und der Innentreppe, die in den Turm hinaufführt, seit 1999 als „monument historique" klassifiziert. Die Renaissancefassade stammt vermutlich aus dem Jahr 1583 (so dokumentiert es die Inschrift über dem Türportal). Heute hat hier eine Privatschule ihren Sitz.

⌘ **Ferradou**: Auf dem Place François Mitterand, dem ehemaligen Marktplatz, wo früher dreizehnmal im Jahr Markt abgehalten wurde, ist eine alte Vorrichtung zum Beschlagen der Rinderhufe zu sehen. Die Rinder wurden am Bauch festgegurtet, das zu beschlagene Bein auf einen dafür vorgesehenen, waagerechten Holzbalken aufgelegt und festgebunden. So konnte der Hufschmied in Ruhe die Hufe beschlagen.

Das schöne kleine Städtchen Florac lädt mit seinen gemütlichen Cafés, den kleinen Restaurants und Geschäften, seinem angenehm trubeligen Wochenmarkt und manch interessanter Kunstausstellung zum Verweilen und Entspannen ein.

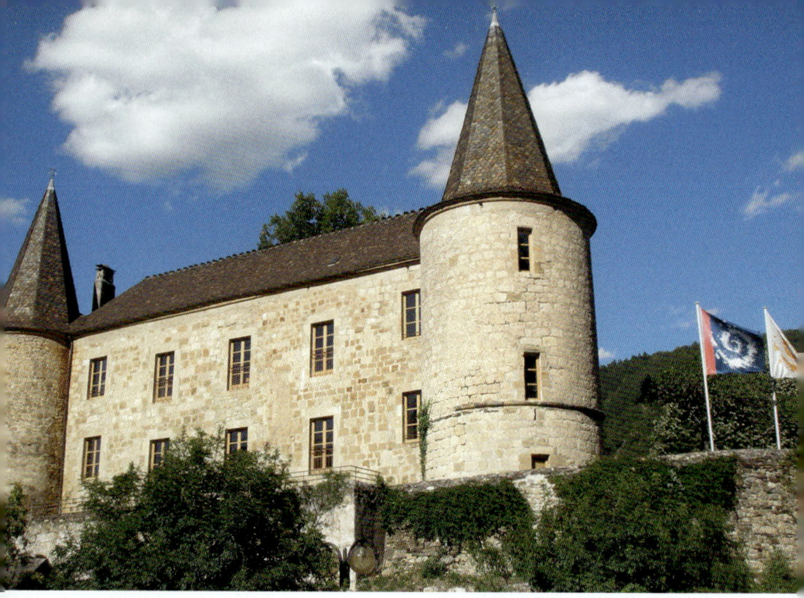

Das Château von Florac (vk)

Florac liegt am Eingang der Tarnschlucht und an der Nahtstelle dreier geologischer Zonen, die durch unterschiedliche Gesteinsarten gekennzeichnet ist: dem Kalkstein der Tarnschlucht und der für diese Region typischen Causses, dem Schiefergebirge der Cevennen und dem Granitstein des Mont Lozère. Das Aufeinandertreffen dieser unterschiedlichen Steinwelten ist insbesondere für Wanderinnen und Wanderer beeindruckend, zumal der Stein als Fundament der Landschaft die Vegetation beeinflusst und augenscheinlich entsprechend verändert.

Der imposante Causse Mejean, an dessen Fuße sich malerisch das Örtchen Florac anschmiegt, ist eines jener faszinierenden Kalkhochplateaus dieser Region, umfasst 330 km^2, liegt auf einer Höhe von 1.000 bis 1.247 m und wird inselhaft ausgeschnitten von den Schluchten der Flüsse Tarn, Tarnon und Jonte. Diese Schluchten, die vor einigen Millionen Jahren bei der Alpenauffaltung als Risse entstanden sind, wurden durch fließendes Wasser noch tiefer ausgewaschen. Die zweifellos spektakulären und malerischen Gorges du Tarn zählen zu den schönsten Flusslandschaften Frankreichs und werden im Sommer insbesondere zum Kanufahren und Klettern stark frequentiert. Aufgrund ihrer Schönheit sind sie ein klassisches Touristenziel.

Das Wasser, welches der Altstadt von Florac einen beschaulich-ruhigen und gemütlichen Charakter verleiht, ist durch die Springbrunnen und das Zusammentreffen der Flüsse Tarn, Mimente, Tarnon und Vibron allgegenwärtig. In Letzterem wurden, wie auch heute noch, Forellen gezüchtet. Der Vibron diente als Energiequelle für bis zu acht Mühlen und das Wasser war gleichzeitig Trinkwasser und Wasser zum Waschen.

Etwas oberhalb des Châteaus, am Fuße des Rocher de Rochefort (bequem zu Fuß zu erreichen), befindet sich die Karstquelle Source du Pêcher, die zwischen 1.250 und 7.000 Litern Wasser pro Sekunde aus dem Felsen hervorbringt. Nach starken Regenfällen und zur Zeit der Schneeschmelze tritt das Wasser schäumend aus dem Fels.

Variante der 8. Etappe: Le Pont-de-Montvert – Col de la Planette – Gare de Cassagnas

➲ 18,1 km, ⌛ 6 Std. 30 Min., ↑ 748 m, ↓ 917 m, ⇧ 700-1.308 m
(☞ Karte 9b, Seite 133)

0,0 km	⇧ 874 m	Le Pont-de-Montvert ⌘
7,6 km	⇧ 1.308 m	Col de la Planette (Abzweig GR 72)
18,1 km	⇧ 701 m	Gare de Cassagnas

Von Le Pont-de-Montvert bis zum Col de la Planett folgen Sie der Beschreibung der 8. Etappe, ☞ S. 115.

An der großen Wegkreuzung, an der sich der Gedenkstein für Raymond Senn, Initiator des GR 68 befindet, biegen Sie dann nach links in Richtung Cassagnas ab (deutliche Wegweiser). Ab hier laufen Sie auf dem GR 72. Folgen Sie der breiten Forstpiste für wenige Hundert Meter, bis Sie an der nächsten Weggabelung den Wegweisern entsprechend scharf nach rechts abbiegen. Bei leichtem Auf und Ab lassen Sie zwei Rechtsabzweigungen unbeachtet und halten sich weiter geradeaus. Der Weg tritt später aus dem Wald heraus und es bieten sich erste aussichtsreiche Blicke nach rechts über das Mimentetal. Kurz darauf (km 12,4) zweigen Sie nach rechts ab und folgen dem kleinen Asphaltsträßchen, das nach nur wenigen Metern eine scharfe Rechtskurve beschreibt. Nach etwa 500 m zweigen Sie links in einen kleinen unscheinbaren Pfad ab (deutliche GR-Markierung und gelber PR-Wegweiser). Folgen Sie von hier an stetig diesem idyllischen Weg, der zunächst in leichtem Auf und Ab durch schönen Buchenwald verläuft und von mehreren Steinmännchen-Markierungen gesäumt wird. Der Weg tritt aus dem Wald und führt von nun an abwärts, immer entlang des Berghangs. Der Wegverlauf ist schon von Weitem erkennbar. Die Vegetation wechselt in Heide- und Farnlandschaft, durchsetzt von

Schiefergestein, und bietet imposante Weitblicke über mehrere Hügelketten. Der letzte Abschnitt des schönen Balkonweges führt Sie durch alte, terrassierte Kastanienhaine, bevor Sie die Kirche von **Cassagnas** erreichen (km 15).

An der Kirche biegen Sie rechts in die abwärtsführende, kleine Straße ab. Nach wenigen Metern stoßen Sie auf ein weiteres Sträßchen, dem Sie ebenfalls nach rechts den Hügel hinab folgen. Sie treffen auf eine T-Kreuzung mit einem kleinen Wegweiser mit der Aufschrift „Espace Stevenson" (gemeint sind Gîte d'étape und Campingplatz am Gare de Cassagnas), laufen rechts auf dem Asphaltsträßchen weiter und passieren das Ortsausgangsschild von Cassagnas. Am Ende der darauffolgenden Rechtskurve biegen Sie links von der D62 in einen Weg ab (ab hier keine GR-Markierung mehr, dafür aber Hinweisschilder zu den Unterkunftsmöglichkeiten „Le Mimentois" und „Espace Stevenson"), überqueren auf der Fußgängerbrücke die N106 und treffen auf eine kleine Asphaltstraße.

Wenn Sie in den Chambres d'hôtes Le Mimentois übernachten, laufen Sie auf dem Asphaltsträßchen etwa 100 m nach links (Infos ☞ S. 135).

Um zur Gîte d'étape, zum Campingplatz und zum Stevensonweg GR 70 zu gelangen, folgen Sie dem Sträßchen etwa 100 m nach rechts und zweigen dann links in eine Forstpiste ab (Wegweiser „Espace Stevenson"). Der schöne Weg führt in weiten Schlaufen hinab zum Fluss, wo Sie auf eine T-Kreuzung treffen. Hier laufen Sie rechts, sodass sich zu Ihrer Linken der Fluss Mimente befindet. Dieser Weg ist eine ehemalige Bahntrasse, die an Häuserruinen vorbeiführt und schließlich den Gare de Cassagnas, den ehemaligen Bahnhof von Cassagnas, erreicht, wo sich jetzt eine Gîte d'étape, eine Bar/Restaurant und ein Campingplatz befinden (Infos ☞ S, 123).

Der Stevensonweg GR 70 in Richtung Saint-Germain-de-Calberte setzt seinen Weg über die Brücke auf der ☞ 10. Etappe: Gare de Cassagnas – Saint-Germain-de-Calberte fort.

9. Etappe: Florac – Gare de Cassagnas

17,0 km, 4 Std. 15 Min., ↑ 392 m, ↓ 241 m, ⇧ 548-724 m

0,0 km	⇧ 550 m	Florac
9,1 km	⇧ 610 m	Saint-Julien-d'Arpaon
17,0 km	⇧ 701 m	Gare de Cassagnas

Sie verlassen Florac, wenden sich nach Osten und durchqueren immer parallel zur Straße N106 auf Wald- und Forstwegen das malerische Tal des Flusses Mimente. Nach 17 km endet die gemütliche Etappe am Gare de Cassagnas.

„Am Dienstag, dem 1. Oktober, verließen wir Florac am späten Nachmittag, ein müder Esel und ein müder Eselstreiber. Ein kleines Stück den Tarnon hinauf führte uns eine hölzerne, überdachte Brücke in das Tal der Mimente."
R. L. Stevenson

Gehen Sie rechts an dem Kriegerdenkmal vorbei und geradeaus in die kleine Gasse Rue du Quai, die nach wenigen Metern nach rechts abknickt und in die Rue Armand Jullié mündet.

⌘ **Rue Armand Jullié**: Sie war einst eine wichtige Handelsstraße, in der viele Handwerker (Schuster, Töpfer, Schlosser, Färber, Schmiede usw.) ansässig waren und ihre Geschäfte hatten. Zudem war diese Straße Teil der wichtigen Handelsroute „Grande Route de Nîmes à Saint-Flour".

💧 Eine Trinkwasserstelle mit Kurbel befindet sich an der Ecke Rue Armand Jullié/Rue Rémuret.

Laufen Sie links über die Brücke.

Der Fluss Vibron beherbergt eine große Anzahl an Forellen und entspringt nur wenige Hundert Meter oberhalb der Stadt an der Source du Pêcher.

Nach Überqueren der Brücke folgen Sie der Rue du Pêcher, bis Sie wieder auf die Avenue Jean Monestier treffen, auf der Sie in Laufrichtung geradeaus weitergehen. Sie gelangen an einen großen Kreisverkehr, wo Sie geradeaus der D907 folgen (Wegweiser und GR-Markierung).

Am Ortsausgang von Florac folgen Sie der Straße nach Meyrueis (D907) auf einer Strecke von etwa 600 m.

Kurz vor Überqueren der Brücke Pont de Barre finden sich tolle Bademöglichkeiten.

↳ Wenn Sie auf dem Campingplatz La Tière übernachten, gehen Sie noch weitere 450 m auf der D907, der Campingplatz befindet sich auf der linken Seite.

Eco Camping La Tière, Quartier La Tière, 448400 Florac, Magali Méjean, ☎ 07 88 17 82 88, ecocamping@orange.fr, www.camping-la-tiere.fr, 50 Stellplätze, gemütlicher Campingplatz, direkt am Tarnon gelegen, kleiner Einkaufsladen,

Bar mit Frühstücksmöglichkeit, Zelt und 2 Personen ab € 10,60, Übernachtung in kleinem Mietzelt oder in rustikalem Holzwohnwagen ab € 68, Frühstück € 8, , , Mitte April bis Ende Okt

Überqueren Sie die schöne alte Brücke Pont de Barre ❶ und halten Sie sich links auf dem ehemaligen Verbindungsweg Florac – Alès: zunächst ansteigend, dann abwärts durch schönen Kastanienwald. Sie erreichen eine geteerte Straße und laufen auf dieser für etwa 700 m nach rechts bis zu einer Straßengabelung. Hier gehen Sie rechts die Straße hinauf und gelangen nach etwa 1,5 km wieder an eine große Straßengabelung ❷, wo Sie sich rechts halten und der ansteigenden Straße folgen.

Der Kastanienwald in den Cevennen

Die systematische Ausbreitung der Kastanienpflanzungen wurde in den Höhenlagen der Cevennen schon seit dem Mittelalter betrieben. Der Kastanienbaum wurde regelrecht zum „Brotbaum" der Cevennen und diente der ärmlichen Bevölkerung als Grundnahrungsmittel: Die Esskastanien wurden gekocht, gegrillt, eingeweicht, roh gegessen, zu Marmelade oder Suppe verarbeitet und aus dem Mehl der Kastanien wurde Brot gebacken. Die Blätter und Schalen wurden an das Vieh verfüttert und das Holz wurde als Brennholz zum Heizen oder zur Herstellung von Möbeln und Weinfässern verwendet.

Um Anbaufläche zu gewinnen, wurden die Kastanienhaine auf mühsam errichteten Terrassen, den „Faïsses", angepflanzt, die von kleinen Steinmauern abgestützt wurden und heute noch an vielen Stellen sichtbar sind. Vereinzelt kann man in den Kastanienhainen auch kleine Natursteinhütten, die sogenannten „clèdes" entdecken. Diese zweigeschossigen Dörrhütten dienten zum Trocknen der Maronen. Nach der Ernte, von Mitte Oktober bis Ende Dezember, wurden die Früchte in der oberen Etage sorgfältig auf Holzlatten ausgebreitet und von der unteren Etage aus durch ein moderates, aber konstantes Feuer etwa 20 Tage lang getrocknet.

Die Hochzeit der Kastanie endete jedoch 1870, als eine immense Anzahl an Kastanienbäumen an der sogenannten Tintenkrankheit, die die Wurzeln zerstört, erkrankten und abstarben. In ihrer Not rodeten die Bauern ganze Kastanienhaine und verkauften die Bäume an Tannin-Fabriken. Besonders die Kastanienterrassierungen in den niederen Lagen waren betroffen.

In jüngster Zeit findet eine bescheidene Renaissance der Kastanienkultivierung statt, die durch den Nationalpark der Cevennen gefördert wird: Alte Kastanienhaine werden wieder gepflegt, neue Sorten angepflanzt und in vielen Orten findet Ende Oktober die „Fête de la chataigne", das Fest zu Ehren der Kastanie, statt. Ob als Suppe, Ragout, Püree, Gratin, Konfitüre, als Bier- oder Likörzutat, Kuchen

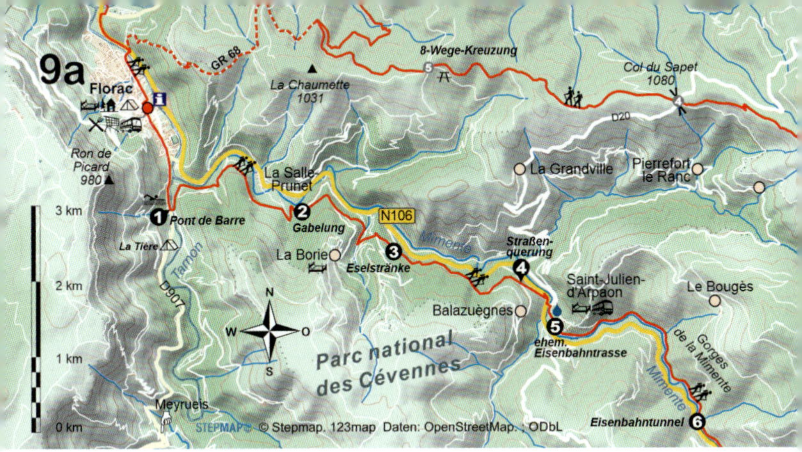

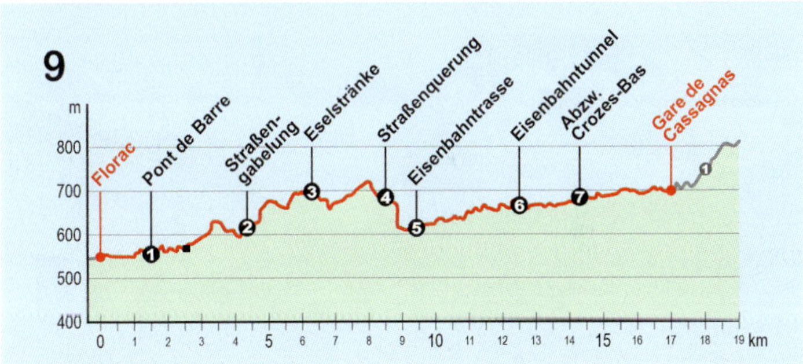

oder Pudding, ob geröstet oder gekocht – die Kastanie ist auch heute wieder zu einem wichtigen Bestandteil der regionalen Küche geworden.

Nach etwa 650 m zweigen Sie links in einen deutlichen Weg ab, der zunächst hinabführt.

↳ Wenn Sie stattdessen weiter geradeaus gehen, erreichen Sie eine Unterkunft (ausgeschildert).

Chambres et table à la ferme La Ferme des Cévennes, La Borie, 48400 Florac, Jean-Christophe Barthes, ☏ 04 66 45 10 90, accueil@lafermedescevennes.fr, www.lafermedescevennes.com, etwa 800 m vom GR 70 entfernt (ausgeschildert), insgesamt 54 Plätze in traditionell cevenolisch eingerichteten 2- bis 6-Bett-Zimmern mit gemütlicher Atmosphäre, großer, schöner, und traumhaft gelegener jahrhundertealter Bauernhof, heute Biobetrieb mit Viehzucht und eigener Ziegenkäseherstellung (*pelardon*), Übernachtung für 2 Personen im DZ € 49, im Juli/Aug € 61, Frühstück € 8, Abendessen € 19, , , Käserei und Bauernhof können besichtigt werden, ebenso gibt es einen kurzen, interessanten Rundweg zur Geschichte und Tradition der Cevennen, 1. April bis 30. Nov, Ankunft ab 17:00

Sie folgen stets dem Hauptweg, der sich weiter durch lauschigen Kastanienwald windet und schließlich auf eine kleine Asphaltstraße trifft. Auf dieser laufen Sie links hinab, um dann nach Passieren einer kleinen Eselstränke ❸ rechts in den Waldweg einzubiegen.

Deutlich später, auf einer aufwärtsführenden Geraden, zweigt links ein Pfad ab, dem Sie folgen. Dieser führt seicht hinab. Sie überqueren eine kleine Straße ❹, folgen geradeaus dem schmalen Pfad und erreichen schließlich die N106. Auf dieser laufen Sie etwa 150 m nach rechts und überqueren links die Brücke.

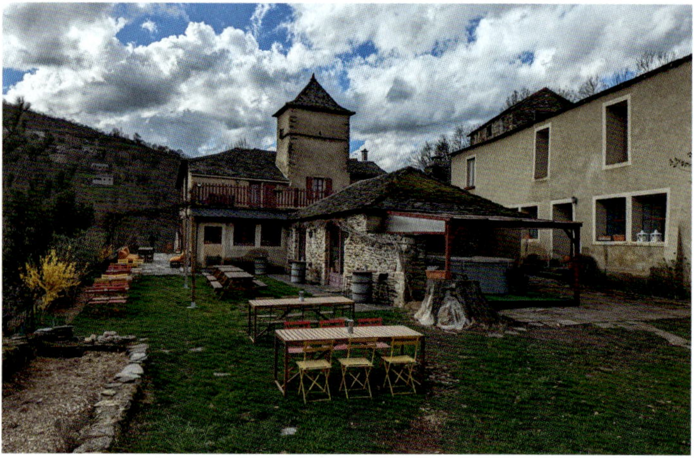

Les Copains à Bord: perfekter Treffpunkt für Wandernde sowie Naturliebhaberinnen und -liebhaber (aw)

Saint-Julien-d'Arpaon

⇧ 610 m, 94 Ew.

Chambres et table d'hôtes, Les Copains à Bord, 48220 Saint-Julien-d'Arpaon, Camilla Cremonini & Marie Alice Gounod, ☏ 04 66 45 25 94, 06 13 58 36 38, contact@lescopainsabord.com, www.chambre-table-hotes-cevennes.com, 300 m vom Stevensonweg entfernt, nach Überqueren der Brücke folgen Sie links der Straße zum Weiler Saint-Julien-d'Arpaon, am nächsten Straßenabzweig gehen Sie rechts und in der spitzen Linkskurve wieder rechts. Insgesamt 44 Plätze in einem eigenen kleinen Dorf mit 5 Zimmern, 3 nostalgischen Holzwohnwagen 2 Ferienhäusern, einem Zeltplatz und einer Gîte d'étape, liebevoll hergerichteter Garten mit vielen Sitzmöglichkeiten, Schwimmbecken und Whirlpool, DZ mit Frühstück für 2 Personen ab € 80, Gîte pro Person mit Frühstück € 32, Abendessen € 25, Halbpension pro Person € 25, Zeltplatz € 12 pro Person, Frühstück € 12, Lunchpaket € 10, April bis Mitte Dez

nach Alès über Cassagnas, Linie 251 und 252, 15. April bis 31. Okt 1x täglich außer So und Feiertag, Les Voyages Boulet, 04 66 65 19 88, voyagesboulet@wanadoo.fr, www.lesvoyagesboulet.com

Der kleine Weiler Saint-Julien-d'Arpaon liegt nicht sichtbar oberhalb des Stevensonweges und wird von einer Burgruine aus dem 12. Jh. überragt.

„Ich näherte mich nun Cassagnas, einer Gruppe schwarzer Dächer am Berghang in diesem wilden Tal, inmitten von Kastaniengärten und in der klaren Luft überragt von vielen Felsengipfeln." R. L. Stevenson

Trinkwasserstelle: etwa 100 m nach Überqueren der Brücke auf der rechten Seite unmittelbar vor dem ehemaligen Bahnhofsgebäude (jetzt Privathaus)

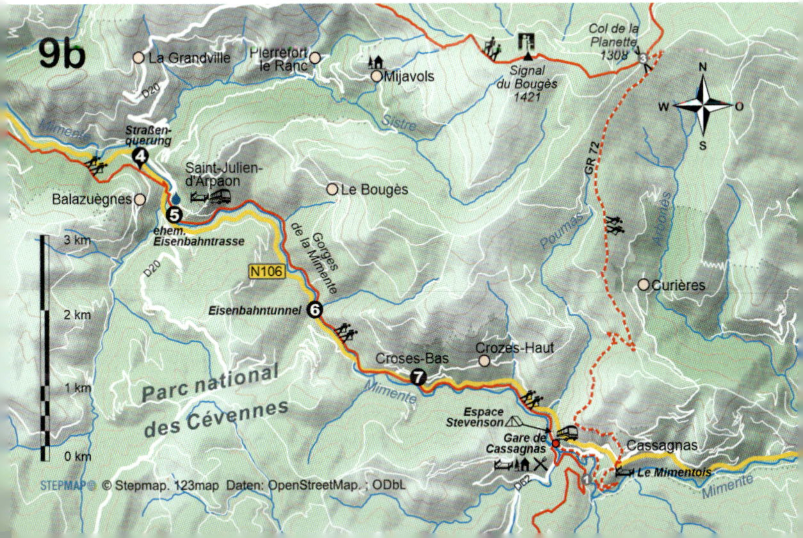

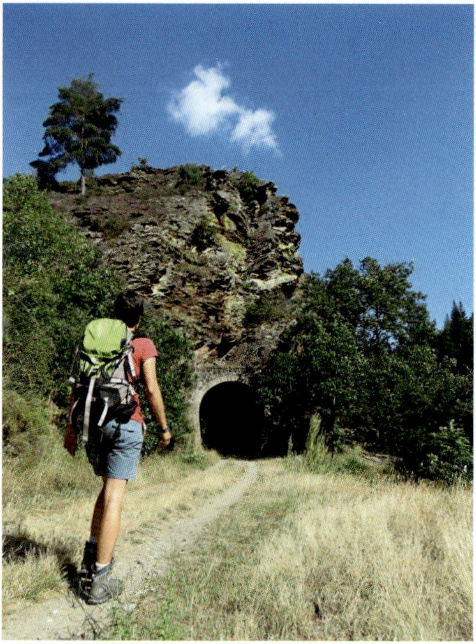

Auf der ehemaligen Bahntrasse (dl)

Unmittelbar nach Überqueren der Brücke gehen Sie rechts über den Parkplatz, um dann auf der ehemaligen Eisenbahntrasse weiterzulaufen ❺. Dieser bequem zu laufende Abschnitt führt durch die beeindruckende Schlucht Gorges de la Mimente und bietet grandiose Blicke hinab zum Fluss. Der Weg verläuft zunächst links der Mimente und durchquert zwei kurze Eisenbahntunnel ❻ (eine Taschenlampe ist nicht erforderlich). Nach Queren der N106 gehen Sie durch einen weiteren Tunnel und laufen später unterhalb des Weilers **Croses-Bas** entlang ❼. Sie treffen auf eine kleine Asphaltstraße, auf der Sie in Laufrichtung geradeaus gehen. Diese führt Sie rechts unterhalb des Campingplatzes Espace Stevenson zum **Gare de Cassagnas**, dem ehemaligen Bahnhofsgebäude von Cassagnas. Die kleine Ortschaft Cassagnas befindet sich 2,5 km entfernt und bietet nur wenige einzelne Ferienapartments.

Cassagnas

⇧ 701 m, 125 Ew.

Gîte d'étape, Chambres d'hôtes et Restaurant Espace Stevenson, Ancienne Gare, 48400 Cassagnas, ☏ 04 66 45 20 34, contact@relais-stevenson.fr, www.relais-stevenson.fr, direkt am Stevensonweg, **Gîte d'étape**: 21 Plätze in 2-/5-/6-/8-Bett-Zimmern (auch Etagenbetten), Kochgelegenheit, Übernachtung € 23, Frühstück € 10,50, Abendessen € 18, Halbpension € 56,50, **Chambres d'hôtes**: 15 Plätze in 2-/4-/5-Bett-Zimmern, Übernachtung mit Frühstück pro Person € 45,50, Halbpension € 68,50, Lunchpaket € 8,50, 21. März bis 16. Okt

Chambres et table d'hôtes Le Mimentois, Le Serre, 48400 Cassagnas, 04 66 45 27 45, 06 72 85 28 01, contact@lemimentois.fr, www.lemimentois.fr, 2,3 km vom Stevensonweg entfernt. Am Campingplatz laufen Sie weiter parallel zum Fluss und folgen später den Wegweisern an einem Abzweig nach links hinauf. 15 Plätze in 4 großen Zimmern, schöner Garten mit toller Aussichtsterrasse und Außenpool, sehr gute regionale Küche, Übernachtung mit Frühstück für 2 Personen im DZ € 99, DZ mit Halbpension pro Person € 85, Lunchpaket € 11, , , Anfang April bis Mitte Okt

Camping Espace Stevenson**, Ancienne Gare, 48400 Cassagnas, Kontaktadresse siehe Gîte d'étape, Chambres d'hôtes et Restaurant Espace Stevenson, am Weg, 18 Stellplätze, direkt am Fluss gelegen, Zelt und 2 Personen € 15

nach Alès und Florac, Linie 251 und 252, 15. April bis 31. Okt 1x täglich außer So und Feiertag, Les Voyages Boulet, 04 66 65 19 88, voyagesboulet@wanadoo.fr, www.lesvoyagesboulet.com, der Bus hält an der Kreuzung N106/D62

10. Etappe: Gare de Cassagnas – Saint-Germain-de-Calberte

15,2 km, 4 Std. 10 Min., 376 m, 579 m, 497-1.034 m

0,0 km	701 m	Gare de Cassagnas
10,5 km	891 m	Col de la Pierre Plantée
15,2 km	498 m	Saint-Germain-de-Calberte

Auf dieser eher kurzen Etappe gelangen Sie vom Gare de Cassagnas in das große Waldgebiet des Forêt domaniale de Fontmort, welches Sie zunächst über ansteigende Forstwege passieren. Angekommen auf knapp über 1.000 Höhenmetern startet der Abstieg durch Nadel- und Laubwälder nach Saint-Germain-de-Calberte.

„Kurz nach zwei Uhr überquerte ich die Mimente und schlug einen holprigen Fußweg nach Süden ein, einen Hügelhang hinauf, der mit losen Steinbrocken und Büscheln von Heidekraut bedeckt war. Wie es so der Brauch des Landes ist, verlor sich der Pfad auf der Höhe. Ich ließ meine Eselin Heidekraut mampfen und ging allein weiter, um einen Weg zu suchen." R. L. Stevenson

Vom Gare de Cassagnas laufen Sie rechts über die Brücke, die über die Mimente führt, folgen dem Straßenverlauf nach links, passieren ein Steinhaus und zweigen kurz darauf links in einen Forstweg ab. Sie gehen über eine Brücke,

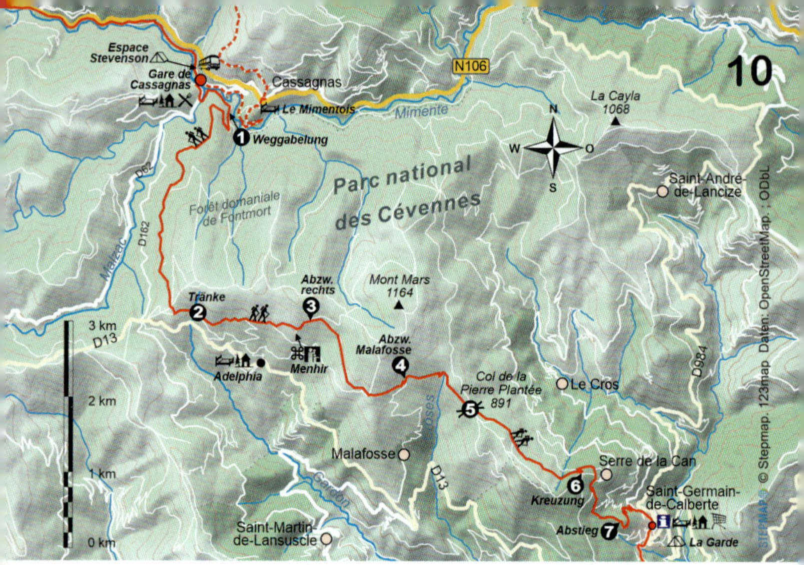

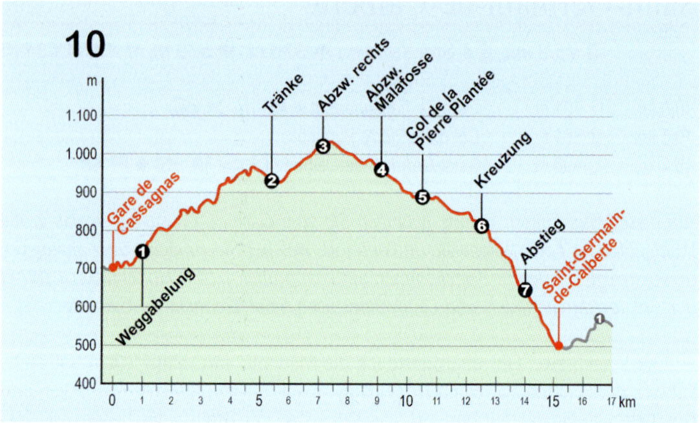

gelangen in den Wald Forêt domaniale de Fontmort und an eine große Weggabelung, an der Sie dem Weg rechts hinauf folgen ❶.

Bleiben Sie immer auf dem breiten, ansteigenden Forstweg; an einer großen Wegkreuzung wählen Sie den Weg geradeaus und kurz darauf an der Gabelung links den Weg hinab (Wegweiser). Der schöne Forstweg führt vorbei an einer

Tränke ❷, ↳ von wo unmittelbar rechts ein Weg zum Château Le Cauvel und zur Gîte d'étape Adelphia abbiegt.

Chambres et table d'hôtes, Gîte d'étape Adelphia, Hameau Le Cauvel RD 13, 48110 Saint-Martin-de-Lansuscle, Christine und Gilles Mercier, ☏ 04 66 45 92 75, lecauvel@lecauvel.com, www.adelphialecauvel.fr, 1,9 km vom Stevensonweg entfernt, dem ausgeschilderten Weg zum Château Le Cauvel folgen, Gîte befindet sich kurz vor Erreichen des Châteaus an der D13, insgesamt 14 Plätze in großzügig und geschmackvoll eingerichteten Zimmern sowie in der Gîte d'étape eines schönen Gutshofes, dessen Geschichte bis ins 13. Jh. zurückreicht, Übernachtung mit Halbpension für 2 Personen im DZ ab € 120, Übernachtung mit Halbpension in der Gîte d'étape € 50, Abendessen inklusive Aperitif und Wein, Lunchpaket € 10, 1. April bis 31. Okt

Der Stevensonweg verläuft geradeaus über breite Felsplatten. Sie gelangen an eine Weggabelung, an der Sie auf dem oberen linken Weg weiterlaufen.

⌘ Kurz darauf befindet sich rechts unterhalb des Weges eine prähistorische Stätte mit einer Grabstätte und einem Menhir (Wegweiser, 50 m vom GR entfernt).

Sie erreichen eine Weggabelung und folgen der Beschilderung nach rechts ❸. Es geht zunächst durch Nadelwald und später durch wunderschönen Kastanienwald. Sie bleiben immer auf dem Hauptweg und gelangen nach zwei deutlichen Serpentinenkurven ❹ an den Rechtsabzweig nach Malafosse.

La Pierre Plantée am gleichnamigen Col (vk)

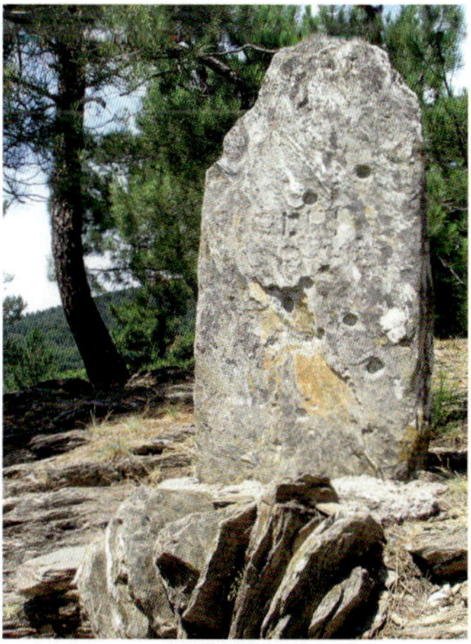

Der Stevensonweg verläuft jedoch geradeaus weiter und Sie gelangen später an die große Wegkreuzung **Col de la Pierre Plantée**, die ihren Namen dem großen, in den Fels eingelassenen Menhir verdankt ❺.

Hier gehen Sie den mittleren schmalen Weg in Richtung Serre de la Can hinab. Bald darauf mündet der Weg in eine breite Forstpiste, auf der Sie geradeaus weiterlaufen. Sie folgen dem

Wegverlauf, zunächst eben, später seicht hinabführend. In einer markanten breiten Linkskurve lassen Sie die Abzweigungen nach rechts außer Acht ❻. Folgen Sie der Linkskurve, um dann wenige Meter weiter rechts in einen Weg abzubiegen. Sie erreichen bald den ersten von zwei Linksabzweigen.

Der Stevensonweg führt weiter geradeaus und wird zu einem schmalen Felspfad, der kurz darauf auf einen breiteren Weg trifft, dem Sie nach links folgen. Es beginnt der Abstieg nach **Saint-Germain-de-Calberte** ❼. Immer bergab durch Wald laufend, stoßen Sie am Ortseingang auf eine kleine Asphaltstraße. Hier befindet sich die Gîte d'étape La Lune Rousse.

Sie folgen der Asphaltstraße nach rechts in das beschauliche Dorf Saint-Germain-de-Calberte und gelangen an eine Straßenkreuzung.

Hier befindet sich an der Ecke des rechten Hauses eine Trinkwasserstelle.

Sie gehen die Straße nach rechts bis zur Kirche.

Saint-Germain-de-Calberte

489 m, 470 Ew.

Place de l'Église, 48370 Saint-Germain-de-Calberte, 04 66 45 01 14, contact@cevennes-gorges-du-tarn.com, www.cevennes-gorges-du-tarn.com, Di bis Sa 10:00 bis 12:30 und 14:30 bis 18:00

Gîte d'étape, table d'hôtes, camping La Garde, 48370 Saint-Germain-de-Calberte, Willy Bin, 06 66 36 53 29, campinglagarde@orange.fr, www.cevennes-voyages.com, 800 m vom Stevensonweg entfernt, von der D13 rechts in die Rue de Temple hinab zur protestantischen Kirche, kurz nach dieser links dem Weg durch Kastanienwald hinauf folgen und auf der D13 etwa 200 m nach rechts gehen, 10 Plätze in der Gîte d'étape, 25 Stellplätze, Swimmingpool, Kochgelegenheit, Gîte d'étape: ein großer, unterteilter Schlafraum u. a. mit Etagenbetten, Übernachtung mit Frühstück ab € 35, auf dem Campingplatz: Spezialtarif für Wanderernde(geteilter Stellplatz) pro Person € 10, Frühstück € 8,50, auf Wunsch werden Wanderinnen und Wanderer in der Dorfmitte abgeholt, 1. Juni bis 30. Sep, Ankunft ab 15:00

Gîte d'étape La Lune Rousse, Route du Serre de la Can, 48370 Saint-Germain-de-Calberte, 06 83 77 16 45, lalunerousse.cevennes@yahoo.fr, www.lalunerousse-cevennes.fr, direkt am Stevensonweg, 12 Plätze auf 4-Bett-Zimmer verteilt mit jeweils eigenem Bad, schöne und gemütliche Unterkunft mit Außenpool und toller Terrasse, Kochmöglichkeit, Übernachtung mit Halbpension € 56, 15. März bis 15. Dez, nur Mo bis Fr

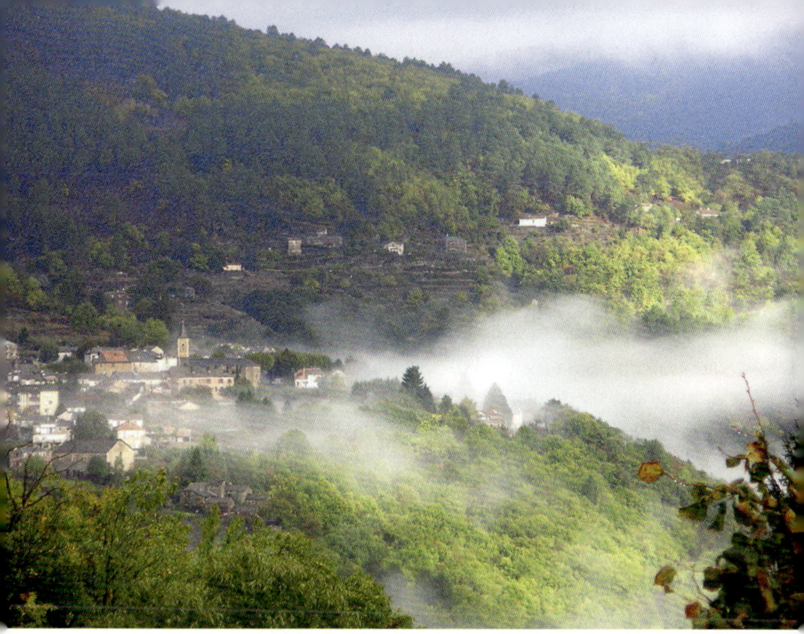

Morgenstimmung in Saint-Germain-de-Calberte (vk)

11. Etappe: Saint-Germain-de-Calberte – Saint-Jean-du-Gard

22,5 km, 5 Std. 50 Min., ↑ 583 m, ↓ 886 m, ⇧ 185-602 m

0,0 km	⇧ 498 m	Saint-Germain-de-Calberte
9,1 km	⇧ 261 m	Saint-Étienne-Vallée-Française
10,7 km	⇧ 236 m	Le Martinet
14,7 km	⇧ 596 m	Col de Saint-Pierre
22,5 km	⇧ 195 m	Saint-Jean-du-Gard

Auf der letzten Etappe des Stevensonweges starten Sie nach ein paar wenigen Höhenmetern bergauf mit einem längeren Abstieg durch die Hügellandschaft und einem sanften Auf und Ab durch das Tal, in dem sich der Ort Saint-Étienne-Vallée-Française befindet. Der letzte Anstieg des Fernwanderweges verlangt Ihnen nochmals etwas ab, bevor es vom Col de Saint-Pierre auf 600 m Höhe über Felsstufen und schmalen Wege hinab bis zum Fluss Gardon geht, der Sie bis zum Zielort Saint-Jean-du-Gard begleitet.

„Mit Mittagessen und Kaffee war es allmählich lange nach drei Uhr geworden, ehe ich von Saint-Germain-de-Calberte fortkam. Ich wanderte talabwärts neben dem Gardon de Mialet, einem großen, starrenden Flussbett ohne Wasser, und passierte Saint-Étienne-Vallée-Française oder Val Francesque, wie man es nannte (…)." R. L. Stevenson

Der Wegverlauf des Stevensonweges und des Chemin Urbain V sind bis Saint-Jean-du-Gard identisch. Sie folgen der D984 weiter durch Saint-Germain-de-Calberte. Im Süden des Dorfes folgen Sie rechter Hand der D984 in Richtung Saint-Jean-du-Gard für etwa 450 m und biegen dann rechts hinauf in eine kleine Asphaltstraße, die zu den Häusern von Les Faïsses und **Les Moles** ❶ führt.

Es geht durch wunderschönen Kastanienwald und vorbei an alten, landestypischen Natursteinhäusern aus Schiefer und Quartz. Sie queren kurz darauf die D13. Der Weg führt stetig leicht hinab, Sie folgen den Wegmarkierungen, halten sich an einer großen Weggabelung links und an der kurz darauf folgenden Gabelung rechts. Es eröffnen sich traumhafte Blicke über Hügel und Täler und Sie erreichen schließlich die D984 ❷. Der Stevensonweg folgt der D984 nach rechts.

➯ Wenn Sie in der Gîte d'étape du Pont de Burgen übernachten, folgen Sie der D984 auf dem Stevensonweg nur für 600 m und nehmen dann die Straße nach links Richtung Les Passadoires und Pont de Burgens. Nach 1 km überqueren Sie rechts die Brücke, wenden sich danach erneut nach rechts und erreichen die Gîte nach 150 m.

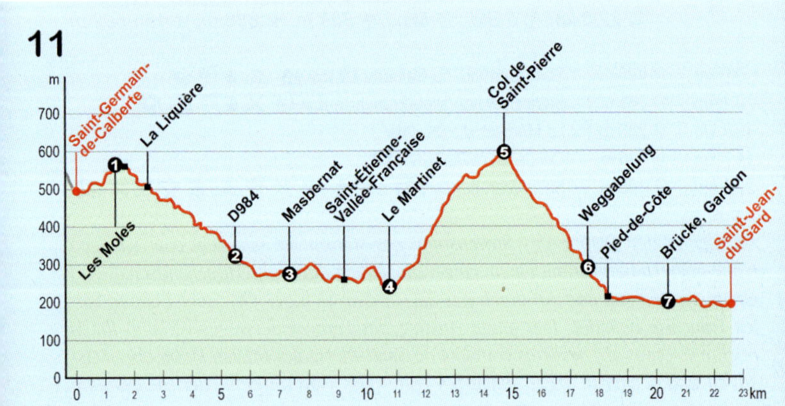

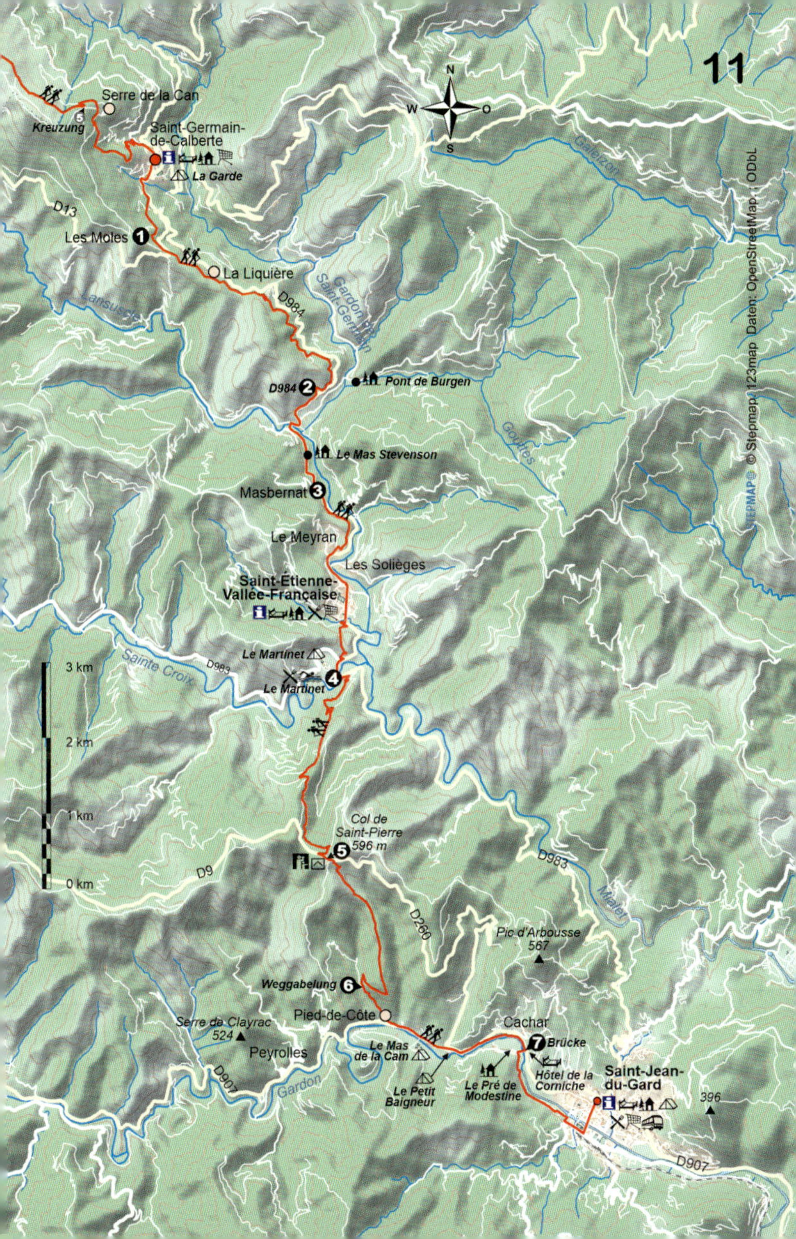

11
N
W
O
S
Serre de la Can
Kreuzung
Saint-Germain-de-Calberte
La Garde
D13
Les Moles
La Liquière
D984
Lansuscle
Gardon de Saint-Germain
Galeizon
D984
Pont de Burgen
Le Mas Stevenson
Gourdes
Masbernat
Le Meyran
Les Solièges
Saint-Étienne-Vallée-Française
Le Martinet
D983
Sainte Croix
Le Martinet
3 km
2 km
1 km
0 km
Col de Saint-Pierre 596 m
D9
D983
D260
Mialet
Pic d'Arbousse 567
Weggabelung
Pied-de-Côte
Serre de Clayrac 524
Peyrolles
D907
Gardon
Le Mas de la Cam
Le Petit Baigneur
Cachar
Brücke
Le Pré de Modestine
Hôtel de la Corniche
Saint-Jean-du-Gard
396
D907
© Stepmap, 123map Daten: OpenStreetMap, ODbL

Gîte d'étape et table d'hôtes du Pont de Burgen, 48330 Saint-Étienne-Vallée-Française, Dominique Donnet und Alain Pigache, 04 66 45 75 30, 06 50 58 08 43, contact@gites-randos-cevennes.com, www.gites-randos-cevennes.com, 1,2 km vom Stevensonweg entfernt, 21 Plätze in 2- bis 6-Bett-Zimmern, einfache, aber sehr stimmungsvolle Unterkunft, Übernachtung € 25, Halbpension € 50 (gutes Abendessen inklusive Aperitif und Wein), Lunchpaket € 10, (züchten und verleihen Esel für die umliegende Region), 15. April bis 30. Sep

Der Stevensonweg folgt der D984 für insgesamt etwa 2 km, dabei passieren Sie eine Unterkunft.

Gîte d'étape und table d'hôtes Le Mas Stevenson, Lébou, 48330 Saint-Étienne-Vallée-Française, 04 66 47 06 12, 06 67 98 00 51, contact@lemasstevenson.fr, www.lemasstevenson.fr, direkt am Stevensonweg, liegt an der D984, 33 Plätze in 7 Zimmern, Preise erfragen, netter Empfang durch Isabelle und Christian Martin, 17. April bis 14. Okt, Ankunft ab 16:00, 2024 bleibt Les Mas Stevenson geschlossen.

Hinter dem Straßenabzweig nach Masbernat ❸ biegen Sie rechts hinauf in einen Weg ab, der später zu einer Teerstraße wird. Diese stößt nach einiger Zeit auf eine Asphaltstraße, der Sie in Laufrichtung geradeaus folgen, und Sie gelangen so nach **Saint-Étienne-Vallée-Française**.

Saint-Étienne-Vallée-Française

⇧ 255 m, 496 Ew.

Les Tilleuls, 48330 Saint-Étienne-Vallée-Française, 04 66 45 01 14, contact@cevennes-gorges-du-tarn.com, www.cevennes-gorges-du-tarn.com, Mo/Mi/Fr/Sa 10:00 bis 12:30 und 14:30 bis 18:00

Gîte d'étape et table d'hôtes Le Château de Cambiaire, 48330 Saint-Étienne-Vallée-Française, 06 13 38 03 98, chateaudecambiaire@icloud.com, www.chateaudecambiaire.com, 650 m vom Stevenson Weg entfernt, die schöne Unterkunft befindet sich in einer Burg aus dem 14. Jh., Hotel: DZ mit Frühstück € 29, Gîte (in diesem Fall eher eine Ferienwohnung): mind. 2 Nächte Aufenthalt, € 145 pro Nacht, Frühstück € 10, Abendessen € 25, 2. Jan bis 20. Dez

Camping & Village de Gîtes Le Martinet** (Abstecher entlang des weiteren Weges)

kleiner Wochenmarkt, jeden So im Juli und Aug

„(...) und gegen Abend begann ich den Aufstieg zum Mont Saint-Pierre. Es war ein langer und steiler Anstieg. (...) Modestine und ich – es war unser letztes gemeinsames Mahl – nahmen auf dem Gipfel des Mont Saint-Pierre einen Imbiss zu uns; ich auf einem Steinhaufen, sie neben mir im Mondlicht stehend und schicklich Brot aus meiner Hand fressend." R. L. Stevenson

Trinkwasserstelle an der D984 in der Dorfmitte an rechts gelegener Mauer

Sie durchqueren das lang gestreckte Dorf Saint-Étienne-Vallée-Française. Nach Überqueren der Brücke am Ortsausgang folgen Sie einer kleinen Straße nach rechts zwischen zwei Mauern hindurch und steigen auf ihr nach links in Kurven bergan.

Oben angekommen verlassen Sie diese kleine Straße und folgen der steinigen Piste in Laufrichtung geradeaus, die hinabführt und auf die D983 stößt.

Wenn Sie zum Camping & Village de Gîtes Le Martinet wollen, folgen Sie an der Kreuzung der oberen rechten Straße für etwa 500 m.

Camping & Village de Gîtes Le Martinet**, Les Deux Routes, 48330 Saint-Étienne-Vallée-Française, Stéphanie Amat und Bruno Bernard, ☎ 04 66 45 74 88, vacanceslemartinet@orange.fr, www.village-vacances-cevennes.com, 500 m vom Stevensonweg entfernt, 45 Stellplätze und 53 Ferienhäuschen für 2 bis 8 Personen, die, wenn verfügbar, auch für nur eine Nacht an Wanderinnen und Wanderer vermietet werden, 2 Personen mit Zelt € 18, Holzfass für 2 Personen € 32, Übernachtung im 6-Bett-Zimmer pro Person € 22, , , in unmittelbarer Nähe befinden sich traumhafte Bademöglichkeiten im Fluss, Camping: 1. Mai bis Anfang Sep, Feriendorf: 1. April bis 1. Jan

An der Kreuzung gehen Sie die untere, rechte Straße weiter und passieren eine Einkehr.

Restaurant Le Martinet, D983, 48330 Saint-Étienne-Vallée-Française, ☎ 04 66 45 70 30, befindet sich auf dem Gelände des Campingplatzes, wird aber eigenständig geführt, täglich ab 9:00

Wenn Sie unmittelbar vor Überqueren der Brücke am Restaurant Le Martinet rechts in ein Sträßchen abbiegen, führen kurz darauf kleine Pfade nach links hinab zum Fluss. Hier finden Sie paradiesische Bademöglichkeiten im Gardon de Sainte-Croix: Kiesbuchten, Wasserfälle, Naturduschen und herrliche, große Wasserbecken zum Schwimmen und Felsspringen. Wer Zeit hat, kann auf dem benachbarten Campingplatz Le Martinet übernachten und einen erholsamen Badetag einlegen.

Überqueren Sie die Brücke ❹ und zweigen Sie unmittelbar nach dieser rechts hinauf in einen engen Steinweg ab. Es beginnt der herrlich aussichtsreiche Aufstieg zum Col de Saint-Pierre. Über Schieferfelsplatten und durch dichten Kastanienwald gelangen Sie auf eine Forstpiste, auf der Sie rechts aufwärts weiterlaufen. Nach 900 m erreichen sie eine weitere Forstpiste, auf der Sie sich nach rechts wenden. Rechts und links abzweigende Forstwege ignorieren Sie. Bei den steilen Kehren ab etwa km 13 halten Sie sich viermal links und wenden sich anschließend nach einem weiteren Kilometer nach rechts. Schließlich erreichen Sie die D9, der Sie nach links wenige Hundert Meter zum **Col de Saint-Pierre** ❺ folgen.

☺ Auf der rechten Seite, unmittelbar an der Straße gelegen, befinden sich eine mit Bänken ausgestattete Schutzhütte aus Holz und zusätzliche Picknickbänke. Vom oberhalb gelegenen Aussichtspunkt genießen Sie einen Panoramablick in südliche Richtung – der Aufstieg lohnt sich! Die Schilder „tables d'interprétation du paysage" weisen den kurzen Weg.

Kurz hinter der Schutzhütte biegen Sie rechts in einen Weg, der anfangs steil hinab über Felsstufen führt (bei Nässe: Rutschgefahr). Der Weg wird bald breiter, bequemer zu laufen und schlängelt sich verträumt durch wilde und urwüchsige Fels- und Garriguelandschaft. Achten Sie immer auf die deutlichen Wegmarkierungen und Steinmännchen.

Sie erreichen an einem kleinen Steinhaus eine Weggabelung ❻, an der Sie links den Weg hinabgehen und ein weiteres Wohnhaus rechts passieren. Der Weg geht über in ein Asphaltsträßchen, das nach etwa 650 m in dem nahezu ausgestorbenen Weiler **Pied-de-Côte** auf die D907 stößt. Dieser folgen Sie nach links, parallel zum Fluss Gardon.

Wenn Sie den Fluss an der nächsten Brücke überqueren, liegt kurz darauf links ein Campingplatz.

Camping** Le Mas de la Cam**, Route de Sainte André, 30270 Saint-Jean-du-Gard, ☎ 04 66 85 12 02, camping@masdelacam.fr, www.camping-cevennes.info, 400 m von Stevensonweg entfernt, 3,5 km bis zur Ortsmitte von Saint-Jean-du-Gard, 199 Stellplätze, sehr großer, schöner Campingplatz mit Restaurant, Freibad, Tennisplatz, Animation, direkt an traumhaftem

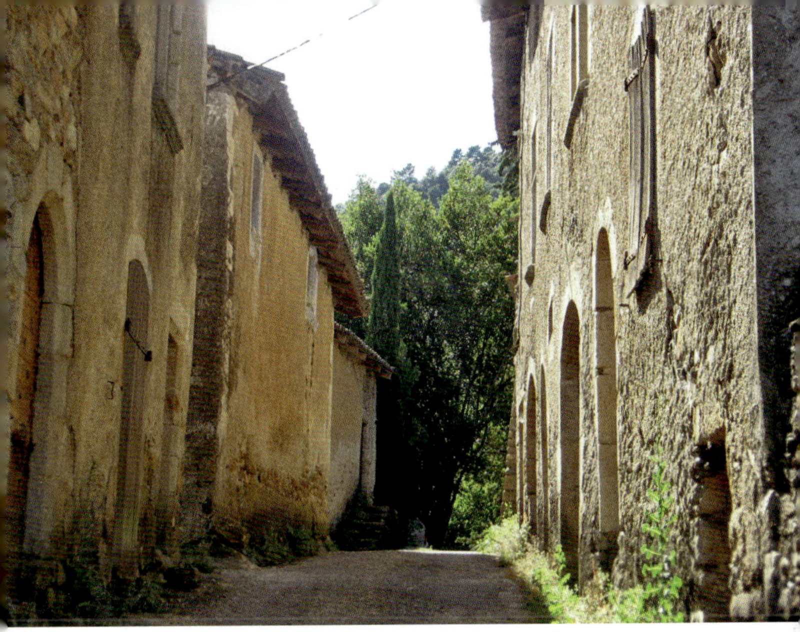

In Pied-de-Côte ist die Zeit stehen geblieben (vk)

Badefluss gelegen, Zeltplatz für 2 Personen € 16 und € 27 (im Juli und Aug), Ende April bis Ende Sep

Sie passieren einen weiteren Campingplatz.

Aire naturelle Camping* Le Petit Baigneur**, 30270 Saint-Jean-du-Gard, Marjolaine Rossel, 06 87 69 01 63, le.petit.baigneur@cevennes-vacances.com, www.camping-le-petit-baigneur.fr, 40 m vom Stevensonweg entfernt und 2,5 km von der Ortsmitte von Saint-Jean-du-Gard entfernt, 25 Stellplätze, familiärer, kleiner Campingplatz auf einem Bauernhof, mit Bäumen und schöner Bademöglichkeit am Fluss, Wandernde pro Nacht € 7, 1. Mai bis 15. Sep

Etwa 250 m nach einer ausgeprägten Linkskurve (und am Straßenschild „Saint-Jean-du-Gard 1,5 km") zweigt der GR 70 nach rechts in einen schmalen Pfad ab.

Bei Regen oder Nässe ist der Pfad nicht passierbar und Sie folgen der Straße, bis Sie auf Höhe des Hotels „Hôtel de la Corniche" rechts die Brücke überqueren.

Der kleine Pfad verläuft unmittelbar entlang des Flusses Gardon. Sie überqueren zwei Holzstege, erreichen eine Brücke (auf Höhe des Hotels Hôtel de la Corniche) und überqueren diese ❼.

↳ Wenn Sie in der nachfolgenden Gîte d'étape übernachten, laufen Sie nach Überqueren der Brücke an der Straßengabelung rechts weiter.

Gîte d'étape et table d'hôtes Le Pré de Modestine, Le Moulin de Camboneral, 30270 Saint-Jean-du-Gard, Évelyne und Michel Verdier, ☏ 04 66 85 11 36, 06 49 32 62 56, predemodestine@gmail.com, www.gite-stevenson-cevennes.com, 100 m vom Stevensonweg entfernt, 21 Plätze in freundlichen 2- bis 4-Bett-Zimmern, stimmungsvolle Unterkunft in ehemaliger Mühle aus dem 16. Jh., herzliche Atmosphäre, Übernachtung mit Frühstück € 35, Lunchpaket € 9,50, Mitte April bis Ende Sep, Michel Verdier ist Fotograf und Autor mehrerer eindrucksvoller Bildbände über den Stevensonweg und die Cevennen.

Der Stevensonweg führt an der Straßengabelung nach links, parallel zum Fluss Gardon. Auf dem Chemin de la Baumette gelangen Sie schließlich zu der alten Brücke von Saint-Jean-du-Gard. Sie unterqueren diese und wenden sich kurz darauf links in die Avenue de la Résistance. An der kommenden Kreuzung wenden Sie sich ebenfalls links in die Avenue René Boudon, überqueren den Fluss Gardon und gelangen in die schöne Altstadt von Saint-Jean-du-Gard. Mit dem Stevenson-Brunnen befindet sich ein schöner Endpunkt des Weges in Saint-Jean-du-Gard nach etwa 100 m gegenüber der Kirche auf der linken Seite. Der Weg führt offiziell noch weiter hinauf bis zum Place Rabaut Saint-Étienne, auf dem sich ein weiteres Stevenson-Denkmal befindet.

„Was mich betrifft, so reise ich nicht, um irgendein Ziel zu erreichen, sondern um zu gehen. Ich reise um des Reisens willen. Worauf es ankommt, ist in Bewegung zu sein; die Nöte und Haken unserer Existenz unmittelbarer zu spüren; aus dem Federbett der Zivilisation zu steigen und zu entdecken, dass die Erde unter den Füßen aus Granit besteht (...)." R. L. Stevenson

Saint-Jean-du-Gard

⇧ 189 m, 2.480 Ew.

5 Rue de l'Industrie, 30270 Saint-Jean-du-Gard, ☏ 04 66 85 32 11, Kontaktformular, www.cevennes-tourisme.fr oder www.saintjeandugard.fr, 1. bis 30. April und 1. bis 31. Okt Mo bis Fr 10:00 bis 12:00 und 14:00 bis 17:00, 1. Mai bis 30. Juni Mo bis Sa 10:00 bis 12:30 und 14:00 bis 17:30, 1. Juli bis 31. Aug und 1. bis 30. Sep Mo bis Sa 10:00 bis 13:00 und 14:00 bis 18:00 und So 10:00 bis 13:00

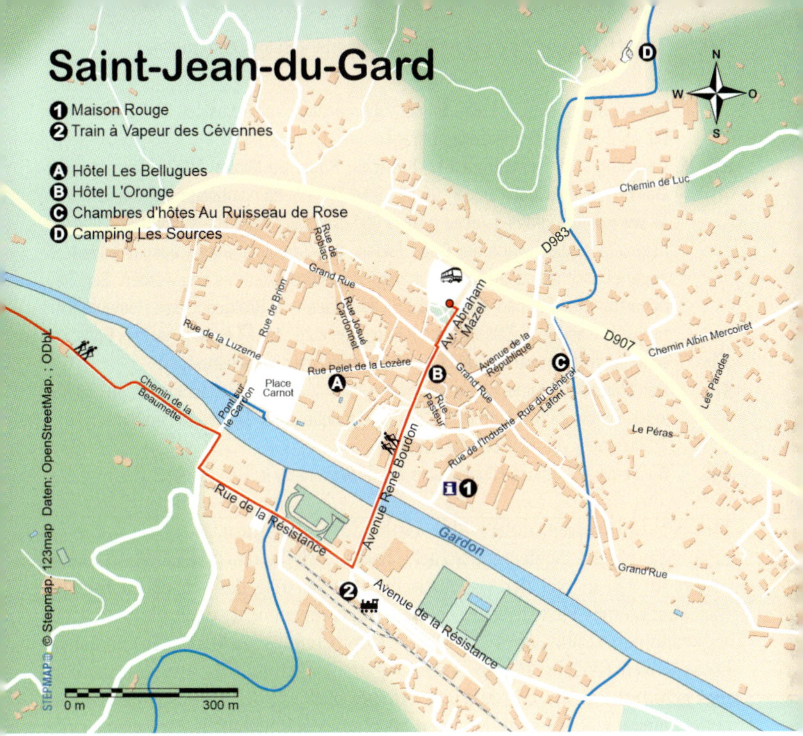

- **Hôtel** Les Bellugues**, 13 Rue Pelet de la Lozère, 30270 Saint-Jean-du-Gard, ☏ 04 66 85 15 33, hello@hotel-bellugues.com, www.hotel-bellugues.com, 300 m vom Endpunkt entfernt, Ortsmitte, 40 Plätze in 16 Zimmern, netter Empfang in schönem, kleinem Hotel, das in einer ehemaligen Seidenspinnerei untergebracht ist, mit großem Garten und beheiztem Swimmingpool im Sommer, Übernachtung für 2 Personen im DZ ab € 85, Frühstück € 10,50, , März bis Nov
- ♦ **Hôtel** L'Oronge**, Place de la Libération, 30270 Saint-Jean-du-Gard, Eric Aymain, ☏ 04 66 86 05 52, hoteloronge@orange.fr, www.hoteloronge.jimdofree.com, 100 m vom Endpunkt entfernt, 40 Plätze in 17 Zimmern, das schöne Hotel befindet sich in einer ehemaligen Postkutschenstation aus dem 17. Jh., Übernachtung für 2 Personen im DZ ab € 67, Frühstücksbuffet € 8,50, 1. April bis 23. Dez
- ♦ **Chambres d'hôtes Au Ruisseau de Rose**, 7 Rue du Général Lafont, 30270 Saint-Jean-du-Gard, Virginie Krumenacher und Roddy James, 06 07 38 48 34, simonkrum@hotmail.fr, www.ruisseauderose.fr, 300 m vom Endpunkt entfernt, zentral, 2 Zimmer in einem sehr schönen alten Herrenhaus mit wunderschönem

Garten, stilvoll eingerichtete Zimmer, Übernachtung mit Frühstück für 2 Personen im DZ ab € 70, Öffnungszeiten erfragen

Camping* & Restaurant Les Sources**, Route de Mialet, 30270 Saint-Jean-du-Gard, Françoise Moulinet, 06 88 39 54 85, campingsources@orange.fr, www.camping-des-sources.fr, etwa 800 m von der Ortsmitte entfernt, von der Touristeninfo stadtauswärts der D983 folgen, der Campingplatz ist ausgeschildert, 92 angenehm schattige Stellplätze, in der Hauptsaison kann es eng werden. Schönes, beheiztes Freibad, kleiner Einkaufsladen mit Brotdepot, Bar, Restaurant mit Frühstücksangebot, Zeltplatz und 2 Personen € 26, , Anfang April bis Ende Sep

schöner Wochenmarkt, jeden Di und Sa von Ostern bis Allerheiligen

♦ Der Marché nocturne ist ein stimmungsvoller touristischer Nachtmarkt, im Juli/Aug jeden Do bis 23:00, dann sind auch die Boutiquen und Geschäfte geöffnet.

♦ Trödelmarkt, von April bis Okt jeden Fr

Busse nach Alès und Nîmes, Linie 72, www.alesy.fr (Fahrpläne)

Die Seidenraupenzucht – das Gold der Cevennen

Erste Spuren der Seidenraupenzucht finden sich in den südlichen Cevennen bereits im 13. Jh. Mit der systematischen Anpflanzung des schnell wachsenden Maulbeerbaumes intensivierte sich die Seidenraupenzucht, denn die Blätter des sogenannten „Goldbaumes" sind die Hauptnahrungsquelle der Seidenraupen. Diese wollen zunächst täglich, später sogar stündlich mit frischen Maulbeerblättern gefüttert werden. Die Aufzucht erfolgte häufig in der sogenannten „magnanerie", einem eigens hierfür erbauten, mehrstöckigen Steinhaus mit vielen kleinen Fenstern, Lüftungsschächten und unzähligen Schornsteinen.

Von Kaminfeuern gewärmt und bei trockener Luft wurden hier die Seidenraupen von Ende April an für rund fünf Wochen gezüchtet, bevor sie dann erstickt wurden und der etwa 2.000 m lange Seidenfaden vom Kokon abgerollt wurde.

König Heinrich IV. und seine Nachfolger förderten die einheimische Seidenproduktion, sodass diese im 17. Jh. eine erste Blüte erlebte. Mit der Industrialisierung der Seidenspinnerei und durch die Anpflanzung von neu gezüchteten Maulbeerbäumen, die mehrere Ernten im Jahr erlaubten und somit die Saisonarbeit zu einer ganzjährigen Arbeit in den Manufakturen werden ließ, wurden die Cevennen in den Jahren 1820 bis 1853 zur bedeutendsten Erzeugerregion für Seide in ganz Europa. Allein in Saint-Jean-du-Gard waren 23 Seidenspinnereien ansässig und fast alle kleinen Ortschaften hatten ihren Anteil am Wohlstand.

Dann brach der Seidenmarkt jäh zusammen: Die Pébrine-Krankheit, die infizierte Seidenraupen mit Flecken übersät, breitete sich rasant aus und zerstörte viele Züchtungen. Ganze Cevennentäler waren ruiniert, zumal auch Kunstseide und billige Importseide den Markt überschwemmten und die cevenolische Seide nicht mehr gefragt war. Was bleibt, ist die Erinnerung an das goldene Zeitalter der Seidenraupenzucht und der Spinnereien.

⌘ **Maison Rouge**: Das Museum bietet einen interessanten Einblick in Geschichte, Kultur, Lebensverhältnis und Brauchtum der Cevennen. Die Seidenraupenzucht und der Esskastanienanbau, die ein wichtiger wirtschaftlicher Faktor für diese Region waren, werden ebenfalls in dem denkmalgeschützten Gebäude La filature de Maison Rouge, einer 1838 erbauten Seidenspinnerei, vorgestellt.

♦ 5 Rue de l'Industrie, 30270 Saint-Jean-du-Gard, ☏ 04 66 85 10 48, maisonrouge@alesagglo.fr, www.maisonrouge-musee.fr, 1. Feb bis 31. März und 1. Nov bis 31. Dez Mi bis So 14:00 bis 18:00, 1. April bis 30. Juni und 1. Sep bis 31. Okt täglich 10:00 bis 12:30 und 13:30 bis 18:00, 1. Juli bis 31. Aug täglich 10:00 bis 18:00, Erwachsene € 8, ermäßigt € 4

⌘ **Bambouseraie**: Nur 14 km von Saint-Jean-du-Gard entfernt liegt Europas größter Bambuspark, die Bambouseraie en Cévennes. Auf 34 ha sind die Besucherinnen und Besucher eingeladen, mehr als 1.000 Bambusarten, japanische Wassergärten, Gewächshäuser, ein Bambuslabyrinth sowie ein nachgebautes laotisches Dorf zu bestaunen und asiatisches Flair einzuatmen. Angelegt wurde die Bambuszucht bereits im Jahr 1856 von Eugène Mazel, einem renommierten Botaniker, der den Bambus und andere exotische Pflanzen importierte.

♦ La Bambouseraie en Cévennes, 552 Rue de Montsauve, 30140 Générargues, ☏ 04 66 61 70 47, bambou@bambouseraie.fr, www.bambouseraie.com, März und Okt 10:00 bis 18:00, April bis Juni 9:30 bis 19:00, Juli und Aug 9:00 bis 19:00, Sep 9:30 bis 18:30, Nov 10:00 bis 17:00, Eintritt € 14,80, Kinder bis 13 Jahre € 10

☺ Fahren Sie mit dem alten Dampfzug, dem **Train à Vapeur des Cévennes**, der zwischen Saint-Jean-du-Gard und Anduze verkehrt, bis zum Bambuspark Bambouseraie en Cévennes. Für die 14 km lange Strecke durch das schöne Gardontal benötigt die historische Bahn 40 erlebnisreiche Minuten.

♦ ☏ 04 66 60 59 00, www.trainavapeur.com, Nebensaison: April bis Mitte Juli und Sep bis Okt 3-4x wöchentlich jeweils 3 Fahrten am Tag, Hauptsaison: Mitte Juli bis Ende Aug täglich 4 Fahrten (genauer Fahrplan auf Internetseite), Hin- und Rückfahrkarte € 17,50, Kinder bis 12 Jahre € 12,50

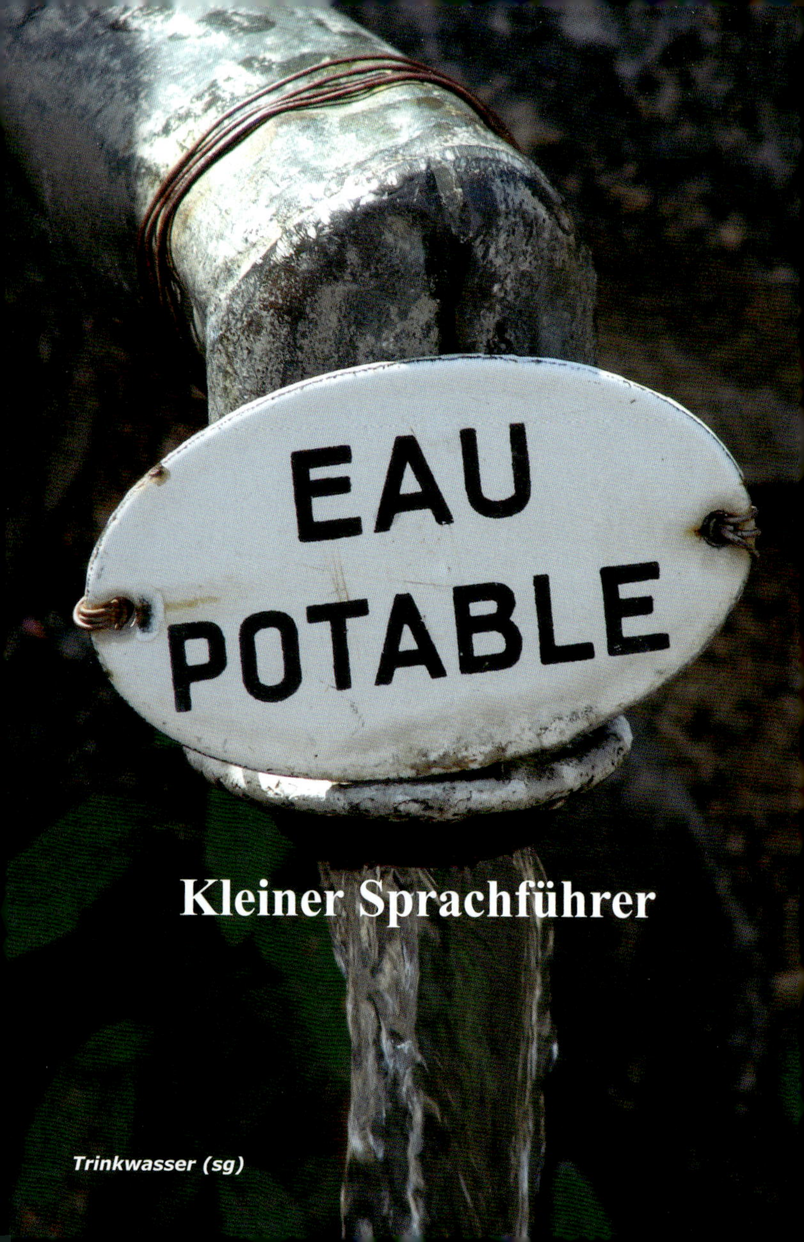

Kleiner Sprachführer

Trinkwasser (sg)

Allerwichtigste Floskeln/Begegnung

auf Wiedersehen	au revoir
bis bald/bis morgen	à bientôt/à demain
bitte	s'il vous plaît
bitte sehr/gern geschehen	de rien
danke	merci
Entschuldigung	pardon
Etwas langsamer, bitte.	Plus lentement, s'il vous plaît.
guten Abend	bonsoir
guten Morgen/guten Tag	bonjour
gute Nacht	bonne nuit
ja/nein	oui/non
Frau/Herr	madame (Mme)/monsieur (M)
Ich habe nicht verstanden.	Je n'ai pas compris.
Spricht jemand Englisch/Deutsch?	Est-ce que quelqu'un parle anglais/ allemand?

Medizinische Hilfe

Apotheke	la pharmacie
Arm	le bras
Ärztin/Arzt	la/le médecin
Bauch	le ventre
Bein	la jambe
Durchfall	la diarrhée
Entzündung	l'inflammation
Krankenhaus	l'hôpital
Kopf	la tête
Sehne	le tendon
Schlangenbiss	la morsure de serpent
Sonnenbrand	le coup de soleil
Versicherung	l'assurance (maladie)
Verstopfung	la constipation

Einkaufen/Essen/Trinken

Ich hätte gerne …	Je voudrais … s'il vous plaît.
Geben Sie mir bitte …	Donnez-moi … s'il vous plaît.
Die Rechnung, bitte.	L'addition, s'il vous plaît.
Wie viel kostet das?	Combien ça coûte?
Was ist das?	Qu'est-ce que c'est?

Abendessen	le dîner/le repas du soir
Bäckerei	la boulangerie
Bier	la bière
Brot	le pain
Fisch	le poisson
Flasche	la bouteille
Fleisch/Fleischerei	la viande/la boucherie
Frucht/Obst	le fruit
Frühstück	le petit-déjeuner
Gemüse	les légumes
geöffnet	ouvert
Geschäft/Laden	le magasin
geschlossen	fermé
Lebensmittelladen	le magasin d'alimentation/l'épicerie
Kaffee/Milchkaffee	le café/le café au lait
Käse	le fromage
Kochecke/Küche	le coin cuisine
Markt	le marché
Metzgerei	la charcuterie
1 Scheibe …	une tranche de …
Schuster	le cordonnier
1 Stück ...	un morceau de ...
Trinkwasser	l'eau potable
Vegetarierin, Vegetarier	la végétarienne, le végétarien
Veganerin, Veganerla	végétalienne, le végétalien
Wein	le vin

Esel

Esel	l'âne
Eselwiese	le pré pour l'âne
Futter für den Esel	la nourriture/les grains pour l'âne
Packsattel	le bât/le bâtage
Packtasche	la sacoche

Post/Bank/Geld

Briefkasten	la boîte aux lettres
Briefmarke	le timbre
Geldautomat	le distributeur automatique
Geschäftsbank	la banque

Kleingeld	la monnaie
Kreditkarte	la carte de crédit

Übernachten

Haben Sie ein Zimmer frei?	Avez-vous une chambre libre?
Ich habe ein Zimmer auf den Namen … reserviert.	J'ai réservé une chambre au nom de …
Wie viel kostet es?	Combien ça coûte?
Campingplatz	le terrain de camping
Decke	la couverture
Doppelzimmer	la chambre à deux personnes
Einzelzimmer	la chambre individuelle
Frühstück	le petit-déjeuner
Halbpension	la demi-pension
Hotel	l'hôtel
Schlafsack	le sac de couchage
Übernachtung	la nuit (im Hotel)/nuitée (in der Gîte d'Étape)
zelten	camper

Unterwegs

Ich suche …	Je cherche …
Ist es weit von hier?	C'est loin d'ici?
Können Sie mich abholen?	Pouvez-vous venir me chercher?
Ampel	le feu
Auto	la voiture
Bahnhof	la gare
Berg	le mont
Berghang	la côte
Bus/Überlandbus	le bus/le car
Busbahnhof	la gare routière
Bushaltestelle	l'arrêt d'autobus
Fahrplan	l'horaire
Fluss	la rivière
Gebirgspass	le col
gegenüber	en face
geradeaus	tout droit
hier	ici
Kreuzung	le croisement/le carrefour

links	à gauche
Parkplatz	le parking
rechts	à droite
Stadtzentrum	le centre ville
Straße	la rue/la route
Tal	la vallée
Weg	le chemin
Wie viele Kilometer sind es bis …?	Ca fait combien de kilomètres jusqu' à ...?
Wo ist/sind …?	Où est/sont …?
Wo befindet sich …?	Où se trouve …?
Zug	le train

Zahlen/Zeit/Wochentage/Wetter

0	zéro	15	quinze
1	un/une	16	seize
2	deux	17	dix-sept
3	trois	18	dix-huit
4	quatre	19	dix-neuf
5	cinq	20	vingt
6	six	30	trente
7	sept	40	quarante
8	huit	50	cinquante
9	neuf	60	soixante
10	dix	70	soixante-dix
11	onze	80	quatre-vingts
12	douze	90	quatre-vingt-dix
13	treize	100	cent
14	quatorze		

Es ist … Uhr.	Il est … heure(s).
Wie spät ist es?	Quelle heure est-il?
abends	le soir
früh	tôt
gestern	hier
heute	aujourd'hui
Minute	la minute
morgen	demain
morgens	le matin
nachmittags	l'après-midi

nachts	la nuit
spät/später	tard/plus tard
Stunde	l'heure
übermorgen	après-demain
Woche	la semaine
zu spät	trop tard
Montag	lundi
Dienstag	mardi
Mittwoch	mercredi
Donnerstag	jeudi
Freitag	vendredi
Samstag	samedi
Sonntag	dimanche
Feiertag	le jour férié
Tag	le jour
Gewitter	l'orage
kalt	froid
Nebel	le brouillard
Regen	la pluie
Sonne	le soleil
trocken	sec
warm	chaud
Wind/Sturm	le vent/la tempête
Wetter	le temps
Wolke	le nuage

Index

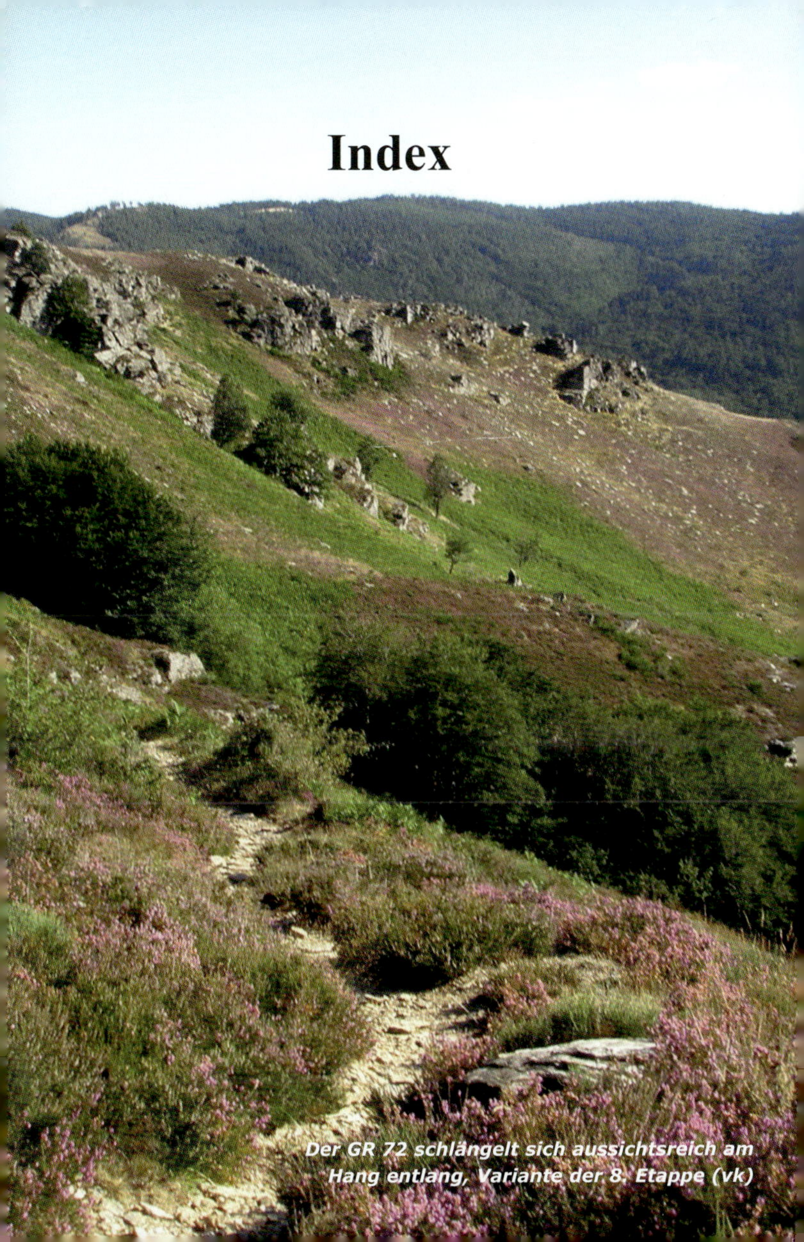

Der GR 72 schlängelt sich aussichtsreich am Hang entlang, Variante der 8. Etappe (vk)